Published by San Marco Press Ltd
10 Lindum Road, Teddington, Middx TW11 9DR, UK
E-mail sanmarcopress@gmail.com
www.sanmarcopress.com

Old World Books
Al Ponte del Gheto Vechio
Cannaregio 1190, 30121 Venezia

ISBN 978-0-9567826-1-8

Si ringrazia Luigi Costantini/Fotoattualità per la fotografia di copertina.

Printed by Tipografia Cartotecnica Veneziana srl - Venezia

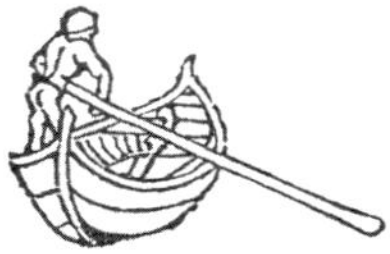

Forchette Veneziane

Le ricette "casalinghe" della Settemari

A Venetian Cookbook

Recipes from the "Settemari" Club

San Marco Press

Old World Books

Preface

The inspiration for this book came from the many enjoyable meals which I have eaten at the Associazione Settemari since I moved to Venice several years ago.

The Settemari is a cultural association with an active rowing club who row in the traditional Venetian style, i.e. standing up and facing forward. They have such a passion for this sport that they have even rowed the full length of the River Thames in England in their Venetian boats.

Over the years they have actively promoted historical research, literature, music, art, put on Venetian plays with their own theatre group and organised courses to teach the art of Burano lace making, which is a dying skill. The Settemari created the prestigious award "The Venetian of the Year" over 30 years ago. This accolade is given to a resident who has made a significant contribution to the City and is a much respected event in the Venetian calendar.

The interest in the environment is illustrated by the publication in 1978 of a book about the abandoned islands of the lagoon when two members researched and published with the support of the Settemari, this created a high level of awareness of the plight of the islands at the time. Thirty years on to draw attention afresh to the subject, San Marco Press published an updated edition in Italian and English which has been well received.

You will note that there are no photographs of prepared dishes in this book, only of boats and people enjoying food. This is a conscious decision on my part, I hope that you will find as much enjoyment in looking through the members' recipes and images of this unique city as much as we have had in assembling them.

I would like to say a special thanks to all the members of the Settemari who have contributed towards the book, to Betta Borsetti for the editing, to Anna Bellani for the translations into English and to Tina Cawthra for the translations into English from Venetian dialect and to John Francis Phillimore for his invaluable assistance.

For further information about the club visit their website at "www.settemari.com"

Christopher Wayman

Prefazione

L'ispirazione per questo libro mi è venuta dalle numerose cene conviviali fatte alla sede Settemari da quando mi sono trasferito a Venezia, alcuni anni fa.

La Settemari è un'associazione culturale con un'attiva sezione dedicata alla voga alla veneta, in piedi, con il vogatore rivolto alla prua. La passione per la voga ha portato i soci anche a Londra, dove hanno navigato l'intero Tamigi in imbarcazioni veneziane.

Nel corso degli anni, l'associazione ha promosso incontri di storia, letteratura, arte, musica, ha formato un gruppo d'arte filodrammatica che recita in dialetto veneziano, e ha organizzato corsi per recuperare la preziosa arte del merletto di Burano, in fase d'estinzione.

La Settemari ha creato oltre trent'anni fa il prestigioso premio: "Il Veneziano dell'Anno", un riconoscimento a un cittadino che più ha saputo esprimere lo spirito della venezianità, e che è ora divenuto un avvenimento importante nel calendario veneziano.

L'interesse per l'ambiente si è concretizzato nel 1978 con la pubblicazione del libro: "Le isole abbandonate della laguna" che due soci, dopo un'accurata ricerca, hanno pubblicato con il supporto della Settemari, portando così alla ribalta il problema delle isole.

Dopo trent'anni la San Marco Press ha pubblicato una nuova edizione affiancata dal testo inglese che ha riscontrato un grande successo di pubblico.

Come potrete notare, nel libro non ci sono immagini di piatti preparati, ma solo di imbarcazioni e di persone che apprezzano la buona cucina.

Questa è stata una scelta cosciente da parte nostra e speriamo che apprezzerete le ricette e le foto scattate dai soci tanto quanto ci siamo divertiti noi nel realizzare questo lavoro insieme.

Un grazie speciale a tutti i soci Settemari che hanno contribuito alle ricette, a Betta Borsetti per la redazione, ad Anna Bellani e a Tina Cawthra per le traduzioni in inglese e a John Francis Phillimore per la sua indispensabile assistenza.

Per ulteriori informazioni riguardo alla Settemari consultate il sito :
www.settemari.com

Christopher Wayman

Foreword

All the recipes in this book come from members of the Settemari with the exception of a few from the associated Rowing Club from Pavia.

Creativity is the essence in Italian cooking and experience is paramount to a good result.

A lot of the recipes are rather vague because being spontaneous, quantities and cooking times are often left to the reader's own judgement and imagination. They should be considered a starting point rather than a strict format. In the English translation we have tried to make them accessible to a foreign public.

Almost all the recipes are Italian, some even in the Venetian dialect to proudly express their origin. We apologize to the "foresti", non-Venetians, who may understand them better in the translation!

There are easy dishes, with a special flavour which remind members of a special occasion or of their regions, towns, villages, hence the finical search for the right ingredients. Others are typical of Settemari's Friday evening gatherings in their clubhouse, whilst some are specially prepared for Winter or Summer outings in the boats. Hence the quantities vary according to the boat's crews - from a 2 oar Sandolo to a 6 oar Caorlina and to a 10 oar Diesona. There are also some recipes which are laborious, meticulously prepared according to tradition, to celebrate special events such as the "Redentore" in July and the "Madonna della Salute" in November.

This book is enriched with many photographs and seeks to be something more than a mere cookbook, aiming to give the reader a sense of Venice and its Lagoon and to illustrate how food plays a cohesive role within Settemari who continue to maintain and promote Venetian traditions in a truly Venetian spirit.

Presentazione

Le ricette qui pubblicate sono dei soci Settemari ad eccezione di alcune consegnateci dalla consociata remiera pavese.

La creatività è l'essenza della cucina italiana e l'esperienza è indispensabile per ottenere buoni risultati. Molte ricette infatti sono imprecise perché, essendo spontanee, le quantità e i tempi di cottura sono lasciati all'interpretazione e all'immaginazione del lettore. Sono quindi da considerarsi più come punti di partenza che rigide istruzioni. Nella traduzione inglese si è comunque cercato di renderle più accessibili ad un pubblico straniero. Quasi tutte le ricette sono italiane; alcune, tipicamente veneziane, ci sono state trasmesse in dialetto per esprimere orgogliosamente la loro origine. Ci perdonino i "foresti" che potranno capirle meglio nella traduzione!

Ci sono piatti facili legati ad un'occasione speciale, altri che richiedono la ricerca meticolosa degli ingredienti tipici di alcune regioni, città o paesi, altri ancora, preparati per gli incontri del venerdì sera in sede, quelli fatti appositamente per le uscite in barca, d'inverno o d'estate, per cui le quantità variano a seconda degli equipaggi delle barche, dal sandolo a due remi, alla caorlina a quattro, alla diesona a dieci, ed infine quelli ancora più laboriosi, preparati meticolosamente seguendo le antiche regole per celebrare feste speciali quali il "Redentore" a luglio e la "Madonna della Salute" in novembre.

Questo libro, arricchito di foto, non vuole essere solo un libro di ricette, ma vuole dare al lettore l'idea di Venezia e della sua laguna ed essere una testimonianza di quanto sia importante il cibo come fattore aggregante di un'associazione quale la Settemari che si propone di mantenere le vecchie tradizioni per promuovere la venezianità.

Contents

Indice

Starters

Antipasti

Anchovies - Greek style

"Buta el sardon" is a Venetian saying that means to "hook" someone. There was a fete on the theme of this in June 2004 on the island of Campalto with games and competitions on land and water inspired by the saying. It ended up with a grand feast of anchovies. Here is one of the recipes.

Luisa C.

For 60 people

you need a 40 cm dia. frying pan

5 kg anchovies

2 bunches of parsley

25 garlic cloves

5 small handfuls of capers in salt

origano

salt & pepper

olive oil

white wine vinegar

Clean the anchovies, removing the heads and the innards and rinsing under running water. Finely chop the garlic, parsley and capers. In order to cook the whole 5 kg of anchovies you need to divide into five batches and put them in the pan as follows:

Pour a drop of oil in the pan, place the anchovies side by side (all pointing in the same direction) spread the chopped parsley, garlic and capers on top, add the origano, pepper, a small pinch of salt and a drop of oil.

Cook on a high temperature for a couple of minutes, then remove the pan from the heat and with two forks patiently turn all the anchovies over.

Put the pan back on the heat and as soon as it warms up sprinkle a good measure of the vinegar and let it evaporate for 2 or 3 minutes before removing from the stove. Repeat the same procedure four more times making sure you clean the pan each time to avoid a burnt flavour.

Sardoni alla Greca

"Buta el sardon": su questo modo di dire tutto veneziano, nel giugno 2004 è stata fatta una festa all'isola di Campalto con giochi, gare a terra ed in acqua, e per finire: grande abbuffata di sardoni. Ecco una delle ricette del menù della festa. "Buta el sardon" : buttare l'esca per far abboccare quella/o che ci sta…

Luisa C.

Per 60 persone

una cassetta da 5 kg di sardoni

2 mazzi di prezzemolo

25 spicchi di aglio

5 piccole manciate di capperi sotto sale

origano, sale, pepe, olio di oliva, aceto bianco

1 padella di 40 cm di diametro

Pulire i sardoni togliendo testa e "buei", sciacquandoli sotto l'acqua corrente. Preparare un trito con l'aglio, il prezzemolo e i capperi.

Per cuocere 5 kg di sardoni bisognerà procedere suddividendoli in 5 parti da collocare di volta in volta nella pentola come segue.

Ungere appena la padella con un filo di olio.

Sistemare i sardoni uno accanto all'altro (tutti nello stesso verso), cospargerli con il trito, l'origano, il pepe, pochissimo sale e un filo di olio.

Scottare a fuoco alto per un paio di minuti, poi levare la padella dal fuoco e con l'aiuto di due forchette e di una buona dose di pazienza, girare tutti i sardoni.

Ricollocare sul fuoco alto la pentola.

Appena riprende il calore, spruzzare abbondante aceto, lasciare che evapori per altri 2 o 3 minuti e levare dal fuoco.

Ripetere le operazioni per le altre 4 volte, guardando di pulire prima la padella, se "ciapa da brustolin"!

La seppia ed il sardon!

Pickled Vegetables

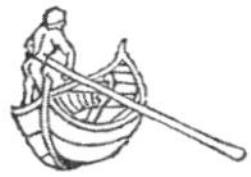

Easy to prepare plus... the unique aroma of the vegetables and vinegar will permeate the whole house.
Betta B.

1 kg peppers

300 g very small onions

300 g green beans

300 g carrots

1 celery

nutmeg

1 tbs salt

100 g olive oil

1 litre wine vinegar (better if it is home made)

90 g sugar

Chop all the vegetables into small pieces.

Wash, dry and put in a saucepan with all the ingredients, except for the peppers that need to be added ten minutes later.

Bring to the boil and simmer for 15 minutes.

Put the mixture in jars and close them tightly while still hot.

Giardiniera

Facile la preparazione ma un vantaggio è unico! Il profumo per tutta la casa di quel misto di aceto, verdure, ecc…

Betta B.

1 kg di peperoni

3 hg di cipolline

3 hg di fagiolini

3 hg di carote

1 sedano

noce moscata

1 cucchiaio di sale

1 hg di olio

1 l di aceto (fatto in casa!)

90 g di zucchero

Tagliare le verdure a pezzetti.

Lavarle, asciugarle e metterle in pentola con tutti gli ingredienti, i peperoni in ultimo.

Portare ad ebollizione calcolando un quarto d'ora di cottura da quando bolle il tutto.

I peperoni si metteranno 10 minuti dopo l'altra verdura.

Invasare e chiudere i barattoli a caldo.

Sea Bass Paté

In a tranquil Summer evening, on our terrace with friends, we enjoyed this starter accompanied by a good glass of sparkling white wine.

Sergio B.

For 10 people

2 sea bass (600/700 g each) preferably caught in the sea, not farmed

a one egg home-made mayonnaise

1 handful of pickled vegetables

a drop of white wine

Steam the fish and remove the skin and bones.

Put the fish in a blender with the pickled vegetables and mix it well.

Add a drop of white wine and fold in a rather stiff mayonaise.

Delicious when served on warm toast.

As an accompaniement besides the sparkling white wine we recommend a good bottle of Garganega.

After the Vogalonga

Crema di Branzino

In una tranquilla serata d'estate in terrazza, in compagnia di amici, abbiamo gustato l'antipasto che si propone, la crema di branzino, accompagnato da un buon bicchiere di bianco frizzantino !!!

Sergio B.

Per 10 persone

2 branzini da 600-700 g (preferibilmente di mare)

maionese di un uovo (fatta in casa)

un pugno abbondante di giardiniera asciugata bene

Si lessa e si pulisce il pesce.

Lo si mette nel tritatutto unendo la giardiniera, tritando fino a che diventa un insieme ben amalgamato.

Aggiungere una spruzzata di vino bianco ed infine mescolare il tutto con la maionese tenuta un po' solida.

Servire preferibilmente con fettine di pane tostato.

E' ottimo come abbinamento, oltre al bianco un po' frizzante, anche la scelta di buona bottiglia di Garganega.

Crabs "Lino"

To enjoy it you need to use small, long forks and fingers you're encouraged to suck clean afterwards!

Lino T.

1 male Spanish crab

1 female Spanish crab with the roe

olive oil

2 cloves of garlic

2 crushed chillies

½ vegetable stock cube

1 sprig of rosemary

a little white wine

a sprinkle of freshly ground pepper

Cook the crab for 15 minutes in boiling salted water, drain and wait for it to cool down a bit.

Remove the claws and the legs and keep aside.

Grab the crabs from behind, between the shell and the stomach and split open.

The female should have the roe on the shell, near the mouth, plenty let's hope! Get rid of the mouth's small bones, remove the skin, cut into pieces and put in a casserole.

With the roe there is a yellowish paste, add this to the pan as it releases a wonderful flavour.

The male will only have a yellow paste that needs to be added, having previously cleaned it.

Remove the gills and the mouth and cut the stomach into four or more pieces.

Break the claws and the legs with a nutcracker and put everything in a casserole with all the others ingredients.

Put on the heat and cook for a few minutes stirring well.

Serve hot.

Granchio "Lino"

Si mangia con le apposite forchettine e le dieci dita delle mani che poi vanno accuratamente "ciucciate". Buon appetito.

Lino T.

1 granchio spagnolo maschio, purchè grande

1 granchio spagnolo femmina, con il corallo

olio d'oliva q.b.

2 spigoli d'aglio

2 peperoncini sbriciolati

½ dado da brodo vegetale

1 ramo di rosmarino

un po' di vino bianco

una macinata di pepe

Far cuocere i granchi per 15 minuti in acqua bollente salata, scolarli ed aspettare che si raffreddino un po'.

Togliere le chele e le zampe e metterle da parte, prendere i granchi dalla parte posteriore, tra il carapace e la pancia, ed aprirli. Nella femmina, sul carapace dalla parte della bocca, ci sarà il corallo (tanto, speriamo!).

Si pulisce dagli ossicini della bocca, si toglie la pelle che lo ricopre, lo si fa a pezzi e lo si mette in una casseruola.

Con il corallo c'è una pasta giallognola che si aggiunge al tutto, e dà un gusto ottimo. Sul maschio ci sarà solo una crema gialla, da tenere da parte dopo averla pulita.

Si prendono le pance, le si puliscono dalle branchie, dalla bocca, e con un coltello si tagliano in 4 o più pezzi. Si prende un schiaccianoci e si rompono le chele e le zampe, si butta tutto in casseruola e si aggiungono tutti gli altri ingredienti.

Mettere sul fuoco e cucinare per qualche minuto facendo attenzione a mescolare tutto bene.

Servire caldo.

Elisabeth's Starter

The best way of serving this starter is with smoked fish!

Carlo D.

2 courgettes
1 clove of garlic
1 small onion
1 tbs peppers
1 tbs amonds
1 tbs yogurt
3 tbs olive oil
salt and pepper

Cut the courgettes in julienne strips, the almonds, onion and peppers in small pieces.

Heat the oil in a pan and lightly fry the onion and garlic, add the courgettes and carry on cooking on a low heat until all the liquid has evaporated. Let it rest.

Remove from the heat and add the yogurt, almonds, the tablespoon of peppers, salt and pepper.

You can serve it on a piece of toast or on a slice of bread as a "bruschetta".

Antipasto Elisabeth

Accompagnato con pesce affumicato… è la sua morte!!!

Carlo D.

2 zucchine
1 spicchio d'aglio
1 cipolla piccola
1 cucchiaio di peperoni
1 cucchiaio di mandorle
1 cucchiaio di yogourth
3 cucchiai di olio di oliva

Tagliare le zucchine a julienne, le mandorle a pezzi piccoli, e così anche la cipolla e il peperone.

Riscaldare l'olio di oliva in una padella, aggiungere cipolla e aglio, rosolarli, aggiungere le zucchine a piccola fiamma finchè è consumato tutto il liquido.

Far riposare.

In ambiente freddo si aggiunge lo yogourth e le mandorle, il cucchiaio di peperoni, sale e pepe.

Si serve sul toast o sul pane per la bruschetta.

Courgette Fritters

You'll always be first, if you row as you eat.

Renato M.

flour as necessary to achieve a soft mixture

milk

salt and pepper

1 beaten egg

2 courgettes

peanut oil for frying

Slice the courgettes into thin rounds.

Mix the other ingredients in a bowl until you have a soft, but not too watery batter. Fold in the courgettes.

Pour the oil in a frying pan, when hot, spoon in the mixture, a few spoons at a time, remove the fritters when they become golden.

Place in a serving dish without adding any extra salt.

The pergola at the "home" of the Settemari

Frittelle di Zucchine

"se i voga come che i magna i riva sempre primi"

Renato M.

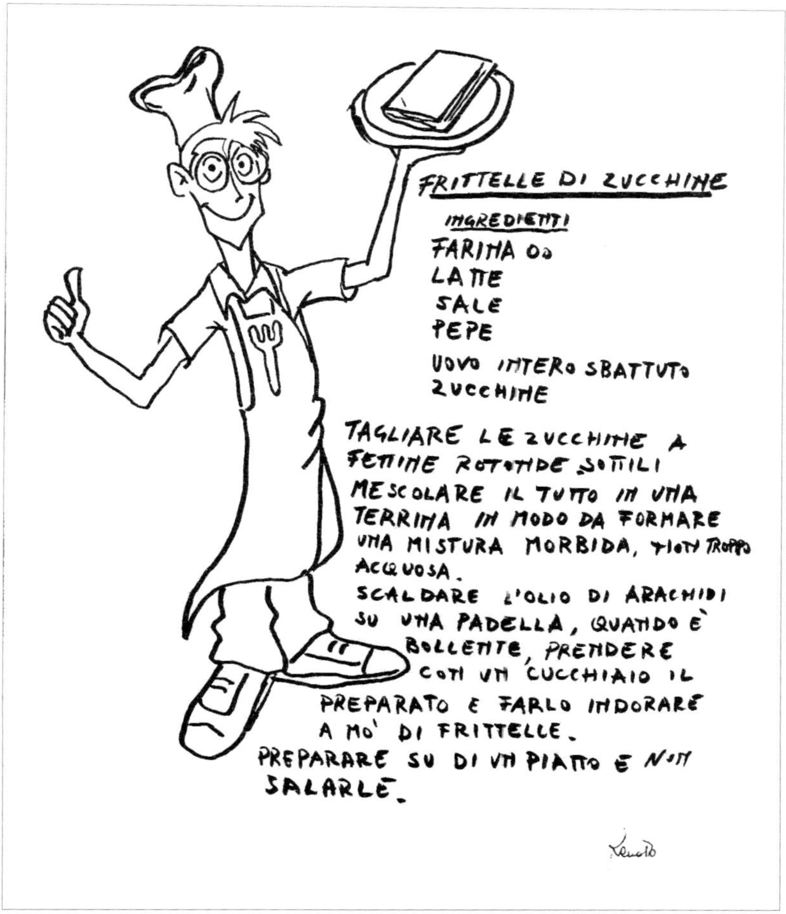

Veal in a Sweet and Sour Tuna Fish Sauce

It is very good, it brings you back to life. Just try it and see for yourself!

Sergia S.

1 kg veal, silverside

1 litre dry white wine

3 tins of tuna fish 160 g each

1 tin of anchovies

1 onion

3 lemons

oil and salt

pickled peppers and cucumbers for decoration

Brown the veal in oil, then add the wine, onion, tuna, anchovies and carry on cooking until ready.

Put the sauce, which should be rather liquid, in a mixer. Slice the meat and cover with the sauce.

Decorate with pickled peppers and cucumbers - they are a perfect match.

Serve cold.

Vitello Tonnato in Agrodolce

E' buonissimo, fà resuscitare i morti, provare per credere.

Sergia S.

1 kg di girello di vitello
1 lt di vino bianco secco
3 scatole di tonno da 160 g
1 scatola di acciughe
1 cipolla
3 limoni
olio e sale q. b.
sottaceti per la decorazione

Rosolate il vitello con olio, poi unite 1 litro di vino, cipolla, tonno, acciughe e il sugo dei limoni.

Lasciate cuocere.

Finita la cottura, lasciate il sugo abbastanza liquido e tritatelo con il passaverdura.

Tagliate a fettine la carne, copritela con il sugo tritato, guarnite con sottaceti (peperoni e cetrioli, la morte sua).

Servite freddo.

Granny Liliana's "Crescente" (fried dough)

A real delicacy.

Granny Liliana, born at Frassinovo in the province of Modena, used to tell us that "crescente" is a snack that men used to take to the fields with them. It is always a great success.

Alessandra F.

First of all you need to make the dough, similar to the dough for pizza:

250 g flour

10 g fresh yeast

salt

2 tbs olive oil

about 1 glass of warm milk as necessary

For the filling:

mozzarella and anchovies

or cheese and ham

salami

Dissolve the yeast in about half a glass of warm milk.

Add the flour, a pinch of salt, a drop of oil and work the dough for ten minutes.

Add milk in order to obtain a soft dough.

Let it rest for 2 hours.

Roll out the dough with a rolling pin and cut into oblongs (15 cm by 5 cm) and triangles of various sizes.

The oblongs are then filled with mozzarella and anchovies, cheese and ham, folded over and sealed.

The triangles instead are not filled.

If you wish, let the shapes rest for another half an hour, the dough will rise a little bit more.

Pour a drop of oil in a non-stick frying pan and cook the dough shapes for a few minutes on both sides.

They should puff up.

Serve the oblongs as they are, let the guests fill the triangles with ham and salami.

Crescente di Nonna Liliana

E' una vera golosità.

Nonna Liliana, nata a Frassinoro in provincia di Modena, ci raccontava che le crescente fritte erano una merenda che i contadini della zona usavano mangiare quando andavano a lavorare nei campi. In genere è un successone.

Alessandra F.

Innanzitutto bisogna preparare la pasta base che è simile alla pasta per la pizza.

Per un primo esperimento consiglio:

250 g di farina

10 g di lievito di birra

sale

2 cucchiai di olio di oliva

latte tiepido quanto basta per ottenere un impasto morbido

Per farcire:

mozzarella e acciughe oppure formaggi e prosciutto

salumi

Stemperare il lievito nel latte tiepido (ca ½ bicchiere) aggiungere la farina, un pizzico di sale e l'olio.
Impastare per circa 10 minuti e aggiungere, se necessario, latte per ottenere un impasto morbido.

Lasciare a riposare per due ore.

Stendere la pasta con il mattarello e tagliarla a rettangoli (ca 15 cm x 5) e a triangoli di varia misura.

I rettangoli vanno piegati a metà e farciti con mozzarella e acciuga, oppure formaggio e prosciutto, e sigillati bene. I triangoli invece vanno lasciati così.

Lasciare riposare un'altra mezz'ora (ma non è necessario, solo si gonfiano un altro pò).

Mettere un filo di olio in una padella antiaderente e cucinare i vari pezzi da entrambi i lati per qualche minuto.

Si gonfieranno. I rettangoli sono pronti, i triangoli vanno serviti con salumi per essere farciti al momento da ogni invitato.

Marinated Trouts "in carpione"

The Piedmontese answer to the typical Venitian dish "sarde in saor" sweet and sour sardines. Both dishes preserve well.

Dodi G.

6 small trout

1 litre wine vinegar (home made)

½ litre white wine

½ litre water

1 ts sugar

extra virgin olive oil

1 tbs coarse salt

pepper

1 sprig rosemary

a few sage leaves

2 bayleaves

1 carrot

1 celery stick

2 medium onions

2 cloves of garlic

butter

Chop carrot, celery, onion and garlic into small pieces and gently fry in the olive oil. Boil the liquids (vinegar, wine and water) with the remaining ingredients for about 15 minutes to get rid of the acidity.

Pour the liquid on top of the vegetables and continue cooking for a few minutes to mingle the flavours.

Clean the trout, dip in the flour and fry in hot, almost brown, butter.

Pat dry to get rid of the grease and cover with the prepared marinate "carpione".

You can use the same "carpione" for veal Milanese (slices of veal dipped in egg and bread crumbs and then fried in butter) or for whitebait and courgettes, these last fried in oil.

Trote in carpione

La "risposta" piemontese alle "sarde in saor"! Si conservano altrettanto a lungo.

Dodi G.

6 trotelle
1 lt di aceto (fatto in casa)
½ lt di vino bianco
½ lt di acqua
1 cucchiaino di zucchero
olio extra vergine
sale grosso
pepe
rosmarino
salvia
alloro
1 carota
1 gambo di sedano
2 cipolle
2 spicchi di aglio
burro

Stufare ed imbiondire in olio la carota, il sedano, le cipolle e l'aglio, tutto tagliato a piccoli tocchi.

Intanto far bollire i liquidi con il resto degli ingredienti per togliere l'acidità.

Buttarli sulle verdure facendo cuocere ancora qualche minuto per insaporire.

Nel frattempo si infarinano le trote intere eviscerate che saranno poi cotte nel burro ben caldo (quasi marrone).

Le si asciugano bene dall'unto della frittura e le si ricoprono con il carpione preparato.

Il carpione si può usare per cotolette alla milanese, acquadelle e zucchine fritte (queste ultime due, in olio).

Scallops with Cardoons

This recipe reminds me of a New Year's Eve dinner in a prestigious restaurant in Torcello, I have reinvented it to recreate the same experience!

Antonella M.

For 4 people

8 scallops
500 g cardoons
50 g parmesan cheese
parsley
1 glass of milk
1 clove of garlic
olive oil
salt and pepper

Clean the cardoons removing their fibres, wash and pat dry, chop and cook in a pressure cooker with a little bit of water for 5 minutes.

Meanwhile fry the garlic in oil and pour it in a pyrex.

After draining the cardoons, arrange in the pyrex, dress with parsley, salt and pepper, add a glass of milk, parmesan and cook on moderate heat for about 20 minutes.

Blend the cooked vegetables to obtain a purée.

Ask your fishmonger to clean the scallops, wash again at home under running water and put the fish back in the shells.

Cover each shell with a bit of cardoon purée and put in a hot oven for about 15 minutes until slightly gratiné.

Carneval 2011

Capesante ai Cardi

Ricetta assaggiata ad un cenone di Capodanno in un prestigioso ristorante di Torcello e con successo riproposta a modo mio.

Antonella M.

Per 4 persone

8 capesante
½ kg di cardi
prezzemolo
50 gr di parmigiano
1 bicchiere di latte
1 spicchio d'aglio
olio d'oliva
sale e pepe

Pulire i cardi togliendo loro i fili, lavarli, tagliarli a pezzi e lessarli per 5 minuti in pentola a pressione con un po' d'acqua, quindi scolarli.

Disporre i cardi in una pirofila dopo aver soffritto l'aglio tritato nell'olio d'oliva.

Condire con prezzemolo, sale e pepe, aggiungere un bicchiere di latte, mettere il parmigiano e cuocere a fuoco moderato per circa 20 min.

Frullare i cardi al fine di ottenere una salsa.

Acquistate dal pescivendolo capesante già aperte e private della parte filamentosa e più scura, lavate bene i molluschi e rimetteteli nella conchiglia, aggiungete su ognuna un po' di salsa di cardi.

Cucinateli nel forno caldo per una quindicina di 15 minuti fino ad ottenere una leggera gratinatura.

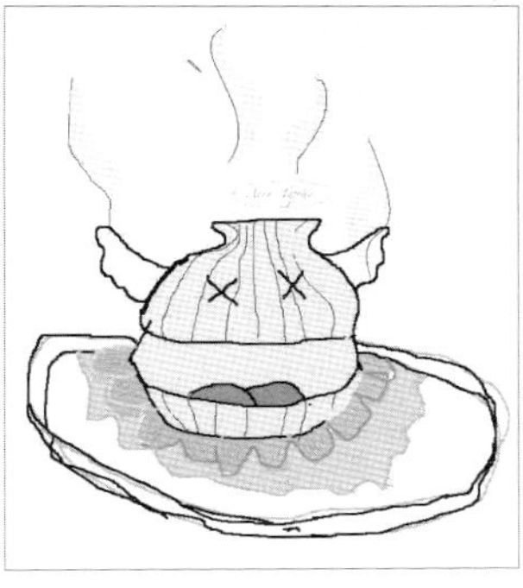

Mixed Vegetables in Vinegar

Simple dishes to enjoy in a boat or to serve at home as a starter. They can be eaten the day after preparation but they will taste better as time goes by.

Vanna P.

Courgettes

1 kg fresh and sweet courgettes

1 sprig of sage

2 cloves of garlic

extra virgin olive oil

wine vinegar and apple white vinegar

salt as necessary

Wash, pat dry the courgettes and cut in thin strips, about 3 cm long.

Fry the garlic in a drop of oil in a frying pan, add the courgettes, then add the sage, salt and sprinkle the vinegar on top. Cover the pan and simmer slowly for about 20 minutes. Every now and then check that they remain quite firm and stir. Remove from the heat, take away the garlic and place in a jar.

Leeks

2 or 3 leeks

1 jar of anchovies in oil or in salt

white vinegar

extra virgin olive oil

Cut the leeks lengthwise, wash and pat dry. Remove darker and tougher leaves.

Slice thinly making half rounds and put in a jar alternating them with the anchovies patted dry from the oil (or washed and dried if salted anchovies are used).When the jar is almost full sprinkle with a good measure of balsamic vinegar and cover with oil.

Peppers

3 peppers of different colours

balsamic vinegar

a handful of sultanas

a handful of pine kernels

1 clove of garlic

extra virgin olive oil

salt

Soak the sultanas in warm water. Pour some oil in a saucepan then add garlic and the peppers previously washed, dried and cut in pieces and then fry on a high heat. Drain the water, sprinkle some balsamic vinegar and add the sultanas. Cover the pan and continue cooking on a low heat, but half way through sprinkle some more balsamic vinegar. Add the salt only at the end. Add the pine kernels and put everything in a container.

Verdure all'Aceto

Piatti semplici da gustare in barca o da servire come antipasto.Si possono mangiare l'indomani della preparazione, ma saranno ancora più gustosi i giorni seguenti.

Vanna P.

Zucchine

1 kg di zucchine fresche e dolci

1 mazzetto di salvia

2 spicchi d'aglio

olio extr. d'oliva

aceto bianco di vino e di mele

sale qb.

Porri

2 o 3 porri

1 vasetto di acciughe sott'olio (va bene anche sotto sale)

aceto bianco

olio extr. d'oliva

Peperoni

3 peperoni colorati

aceto balsamico

1 manciata di uva sultanina

1 manciata di pinoli

1 spicchio d'aglio

olio extr.d'oliva

sale

Si lavano e si asciugano le zucchine e le si taglia in sottili bastoncini di circa 3 cm. Con un filo d'olio, si rosolano gli spicchi d'aglio ed in seguito le zucchine, si uniscono le foglie di salvia, si sala e s'annaffia bene con l'aceto. A fuoco lento e coperte le zucchine vengono portate a cottura per circa 20', controllando che rimangano sode e le si mescola. Quindi si spegne il fuoco, si toglie l'aglio e si sistemano le zucchine in un contenitore. Vanno servite a temperatura ambiente il giorno successivo.

Si prendono i porri e si tagliano a metà nel senso della lunghezza, si lavano e si asciugano. Con un coltello si toglie la parte più dura e scura delle foglie. Si tagliano i porri finemente facendo delle mezze rotelline. E si sistemano in un vaso a strati alternando le acciughe sgocciolate dall'olio o ben lavate e asciugate se sotto sale. Quando il vaso è quasi pieno si annaffia con abbondante aceto balsamico e si copre poi con l'olio.

Si mette a bagno in acqua tiepida l'uvetta. Si fanno rosolare i peperoni, lavati, asciugati e tagliati a pezzi, a fuoco vivo con olio e aglio. Si annaffiano con l'aceto balsamico aggiungendo l'uvetta ben scolata. Si cuoce a padella coperta e a fuoco lento, ma giunti a metà si spruzzerà nuovamente con l'aceto balsamico. Alla fine si mette il sale. Si aggiungono i pinoli e si sistema il tutto in un contenitore.

First Courses

Primi Piatti

Penne with Avocado

This is a great dish, quick to prepare and always successful. An ideal dish to share with friends, it can be served as a complete meal followed by a fresh mixed salad and a fruit tart. Prosecco would be a perfect accompaniment.

Eliana A.

For 2 people (multiply for more friends)

1 ripe avocado

1 clove of garlic

1 bunch of fresh parsley

½ lemon (unwaxed)

salt and pepper

extra virgin olive oil

parmesan cheese

200 g penne (pasta quills)

Peel the ripe avocado which should be soft but not brown.

Cut into four pieces then slice thinly and place them in a serving bowl.

Add the grated rind of ½ lemon, washed and dried.

Squeeze the half lemon on the avocado to prevent it from becoming brown.

Finely chop the parsley and the garlic (having previously removed the filament) with a half moon.

Season with salt and pepper.

Sprinkle some extra virgin olive oil, do not exaggerate but do not be mean.

Mix the oil in delicately because the avocado must not disintegrate.

Cook the penne in plenty of hot salted water, drain and put in the bowl folding in the dressing.

Finally add the grated parmesan cheese and serve.

Penne con Avocado

Questo è un ottimo piatto veloce da preparare e di sicuro effetto. Ideale per una cena tra amici, può essere proposto come piatto unico seguito da una bella insalata fresca mista e una crostata alla frutta. Accompagnare con prosecco.

Eliana A.

Per 2 persone (moltiplicate per più amici!)

1 avocado maturo

1 spicchio d'aglio

un mazzo di prezzemolo fresco

½ limone

sale
pepe

olio extravergine

formaggio grana

200 g penne

Preparate in una terrina da portata:

Sbucciate l'avocado che deve essere maturo, morbido ma non marrone. Tagliatelo in 4 parti e poi a fettine fini.

Aggiungete la scorza grattugiata di mezzo limone non trattato, ben lavato e asciugato. Poi spremete a mano la stessa metà del limone sopra l'avocado così non si annerisce.

Tritate finemente il prezzemolo con una mezzaluna e aggiungetelo al preparato. Tritate anche l'aglio dopo aver tolto la parte centrale dello spicchio, molto finemente e aggiungetelo.

Regolate sale e pepe. Cospargete il tutto con l'olio extravergine. Non esagerate e non lesinate, deve essere un bel condimento, che mescolerete delicatamente per non disfare l'avocado.

Cuocete le penne in abbondante acqua salata. Scolatele e versatele nella terrina amalgamando con il condimento.

Alla fine aggiungete il formaggio grana grattugiato e servite.

Pavese Soup

Is is said that this dish was served by an humble peasant woman to a famished Francis I of France after his defeat at the Battle of Pavia at the hands of the Emperor Charles V. You couldn't find a more local recipe.

Club Vogatori Pavesi

It is vital to use a good meat stock or vegetable stock for the vegetarians

eggs

cheese

parmesan

bread, rustic type

Place two slices of rustic bread in the bottom of each bowl.

Separate the eggs and keep the whites.

Put a yolk on top of each slice of bread and cover with a generous amount of grated cheese.

Add the whites to the boiling broth and when it starts to curdle pour it on top of the bread.

This is a very simple but excellent dish which you don't find in restaurants.

Celebrating "Blackbird Day" in January, the coldest day of the year, departure from Pavia

Zuppa alla Pavese

Si narra che sia stato il piatto servito da un umile contadina a Francesco I di Francia, affamato e in fuga nelle campagne , dopo essere stato sconfitto nella battaglia di Pavia dall' imperatore Carlo V... Più pavese di così si muore!!!

Club Vogatori Pavesi

Indispensabile un buon brodo (di carne per i carnivori o di verdura per i vegetariani)

uova

formaggio grattugiato

pane casereccio

Si adagiano nel piatto di ciascun commensale due fette di pane casereccio.

Vi si dispone sopra un tuorlo d'uovo per ogni fetta e si cosparge il tutto di abbondante formaggio grattugiato.

Vi si versa sopra il brodo bollente cui si sono aggiunti i bianchi delle uova che hanno così formato una "stracciatella".

È banalissima ma è proprio buona e in giro non si trova!

I "dì d'la merla", partenza da Pavia

Pasta with Tuna, Parsley, Lemon and Poppy Seeds

Very simple and perfect cold dish for eating out in the boat.

Club Vogatori Pavesi

pasta such as butterflies, quills etc

tuna fish in oil

a large bunch of parsley

1 lemon

poppy seeds

Cook the pasta in plenty of hot salted water.

Drain and dress with a cold sauce made from mixing together - good quality tuna in oil, a lot of chopped parsley and a generous amount of lemon juice.

At the end add a handful of poppy seeds which will add an intrigiung crunchy effect in the mouth.

Rowing on the river Ticino with the Pavia rowers to celebrate the coldest day of the year

Pasta Tonno Prezzemolo e Limone con Semi di Papavero

Semplicissima e bene si adatta alle uscite in barca!!!

Club Vogatori Pavesi

pasta corta tipo farfalle, penne… anche mischiata

tonno sott'olio

un bel mazzetto di prezzemolo

limone

semi di papavero

Si cuoce la pasta in abbondante acqua salata.

La si condisce con un sugo freddo preparato con del buon tonno sott'olio, tanto prezzemolo e una abbondante spruzzata di limone, che si deve sentire.

Alla fine una manciata di semi di papavero renderà tutto più interessante, perché "scricchiola" sotto i denti!

I "dì d'la merla"

Risotto with Castrated Lamb cooked in red Wine

The following dish can cheer up the cold evenings of a long Winter especially if eaten in good company sipping a glass of an appropriate red wine

Luisa V.

For 4 or 5 people

300-400 g of castrated lamb cut in pieces

1 skinless pork sausage

1 glass of ordinary red wine (100cc)

aromatic herbs (rosemary, chives) to taste

olive oil

200 g Carnaroli rice

parmesan cheese

butter

salt and pepper

1 vegetable stock cube

Put the meat in a casserole with a bit of water, the glass of wine, rosemary, chives, a knob of butter, salt and pepper and slowly cook it on a low heat up to three hours.

Meanwhile prepare a vegetable stock in a small saucepan. Once the meat is cooked flake it and put it in a saucepan with the skinless sausage, add the oil and a little bit more red wine.

Stir everything for 3-4 minutes, then add the rice and keep stirring for 15 minutes adding the previously prepared stock little by little, whenever it thickens. (For the cooking time check the label on the rice packet).

Towards the end, before the rice is completely cooked, add one or two spoons of parmesan.

Risotto in rosso al Castrà

La ricetta che segue, il risotto di castrà, può allietare le fredde serate del lungo inverno, ancor più se passate in allegra compagnia e sorseggiando un giusto bicchiere di vino rosso.

Luisa V.

Per 4-5 persone

300-400 g di agnello castrato tagliato a pezzi

1 salsiccia di maiale senza pelle

1 bicchiere circa da 100 cc di vino rosso comune

erbe aromatiche (rosmarino, erba cipollina) q. b.

olio di oliva

200 g di riso Carnaroli

parmigiano

burro

sale, pepe

1 dado vegetale

Cucinare a fuoco lento, anche fino a tre ore, il castrato con un pò d'acqua a cui si aggiunge il vino rosso, il rosmarino, l'erba cipollina, una noce di burro, sale e pepe.

Preparare in parallelo un pentolino di brodo vegetale.

Una volta cotto a puntino il castrato, sminuzzarlo e metterlo in una pentola insieme alla salsiccia senza pelle, aggiungere l'olio ed ancora un po' di vino rosso.

Mescolare il tutto per 3-4 minuti; a questo sugo aggiungere il riso e cucinarlo, mescolando per circa 15 minuti a fuoco allegro ed aggiungendo, quando si raddensa, piccoli quantitativi del brodo prima preparato (per la cottura del riso controllare i tempi descritti sulla confezione).

Prima che la cottura sia ultimata, verso la fine, aggiungere qualche cucchiaino, circa due, di parmigiano.

Tonnarelli Pasta with Salmon and Leeks

Easy recipe with ingredients that you may have in the fridge or freezer so that you can quickly rustle up a tasty supper.

Margherita S.

For 4 people

350 g tonnarelli (square spaghetti)

1 slice of fresh salmon about 3 cm thick

4 leeks

1 tbs extra virgin olive oil

salt and pepper

50 g butter

white wine

100 g ricotta cheese

Slice the leeks into rounds and put them in a pan with butter until they soften.

Add salt, pepper and white wine.

Cook for 30 minutes with the lid on adding hot water when necessary.

Lightly fry the slice of fresh salmon in the oil, adding salt and pepper.

Remove the salmon from the pan, allow to cool and cut into small pieces.

Combine it with the leeks and cook on a low heat.

Cook the pasta in plenty of hot salted water, drain then put into the frying pan and mix all together with the ricotta cheese.

Serve piping hot.

Tonnarelli con Porro e Salmone 

Le operazioni da eseguire non sono numerose e gli ingredienti possono trovarsi facilmente sia in frigo (ricotta) che in congelatore (salmone), quindi si tratta della classica ricetta salva-cena.

Margherita S.

Per 4 persone

350 g di tonnarelli

1 fetta di salmone fresco

4 porri

1 cucchiaio di olio extravergine

sale e pepe

50 g di burro

vino bianco

100 g di ricotta

Lavate e tagliate a rondelle i porri e fateli appassire in un tegame con il burro, quindi salare e pepare ed aggiungere il vino bianco.

Lasciar cuocere per circa 30 minuti con il tegame coperto aggiungendo, all'occorrenza, un po' d'acqua calda.

Prendete la fetta di salmone fresco di uno spessore di circa 3 cm. e fatela rosolare brevemente con un po' d'olio in un tegame antiaderente.

Salare e pepare.

Dopo averla tolta dal tegame, lasciatela raffreddare e quindi tagliatela a pezzettini.

Aggiungerla poi ai porri e lasciar amalgamare il tutto a fuoco basso.

Lessare i tonnarelli in abbondante acqua salata, scolate e spadellate la pasta nella pentola del composto già preparato aggiungendo la ricotta.

Servite la pasta ben calda.

"Risi e Bisi" Rice and Peas

A great Venetian traditional dish. Enjoy it!

Vladi T.

1 shallot

1 kg fresh peas

a bit of bacon

500 g rice

vegetable stock

butter

parmesan cheese

Sauté the finely chopped shallot, cubed bacon and peas.

Meanwhile boil the shells of the peas in the vegetable stock.

Add the rice to the frying pan and sauté the rice.

Add the stock.

Halfway through the cooking, after 10 minutes, add a lot more peas, preferably fresh, so that it looks green.

Frozen peas are acceptable and are of course available all year round.

Keep stirring, adding more liquid.

Remove from the heat and fold in butter and parmesan cheese.

Risi e Bisi

Grande primo piatto veneziano!!! Buon appetito!

Vladi T.

1 scalogno

1 kg piselli freschi (bisi)

poca pancetta

500 g di riso

brodo vegetale

burro

parmigiano

Fare un soffritto di scalogno, pancetta e piselli preferibilmente freschi.

Io li ho provati surgelati e andavano bene lo stesso, e inoltre li si può avere tutto l'anno.

Intanto far bollire le bucce dei bisi nel brodo vegetale.

Appena rosolato il soffritto, inserire il riso che verrà tostato. Aggiungere il brodo caldo. A metà cottura, dopo 10 minuti circa, buttare tanti bisi in modo da vedere molto verde!

Mescolare con un pò di brodo.

Non mi piace all'onda e quindi lo manteco con burro e formaggio grana.

Trenette (flat spaghetti) Franciscan style

A recipe from the Francisan monks. In the original recipe they used spaghetti, but I prefer trenette, i.e. flat spaghetti .

Rosanna M.

For 4 people

300 g trenette

300 g potatoes

3 cloves of garlic

2 hot dry chillies

1 sprig of parsley

5 tbs olive oil

Parmesan

salt

Peel the potatoes and cut in 1 cm cubes. Cook in 3 litres of boiling salted water for 5 minutes.

Add the trenette and cook together with the potatoes making sure they don't over cook, they should be "al dente", still rather crisp under the tooth.

Meanwhile, in a frying pan heat the garlic and chillies in the oil, when the garlic is golden add a ladle of the water in which the pasta is cooking.

Drain the trenette and potatoes and put in the frying pan, sprinkle some parmesan cheese on top together with finely chopped parsley.

Serve immediately.

Trenette alla Francescana

Questa è una ricetta povera dei frati francescani, in cui si usavano gli spaghetti. Ma visto che la pasta deve essere spadellata, consiglio di usare le trenette. Sono migliori!

Rosanna M.

Per 4 persone

300 g di trenette

300 g di patate

3 spicchi d'aglio

2 peperoncini secchi piccanti

1 ciuffo di prezzemolo

5 cucchiai di olio di oliva

formaggio grana

sale

Sbucciate le patate, tagliatele a dadini di un centimetro e cuocetele in tre litri di acqua bollente salata per 5 minuti.

Aggiungete le trenette e cuocetele molto al dente assieme alle patate.

Nel frattempo fate imbiondire l'aglio e i peperoncini nell'olio.

Quando l'aglio è colorato, aggiungete un mestolo di acqua di cottura della pasta.

Scolate le trenette e le patate, passatele in padella, spolveratele di grana grattugiato e di prezzemolo tritato fine fine con gli ingredienti sopra elencati.

Spadellare .

Neda's "Passatelli" Soup

This is the traditional first course of the Settemari Christmas dinner. The recipe comes from Emilia Romagna.

Alfredo Z.

120 g grated Parmesan

130 g grated bread (preferably Ferrara bread)

20 g butter (in the old days bone marrow was used, this is now outlawed)

3 fresh eggs plus 1 yolk

grated lemon rind

a generous amount of nutmeg

sea salt from Cervia

1.2 litre beef stock

Break the eggs in a bowl and add a little salt.

Grate the nutmeg, add the lemon rind and mix everything together.

Add the grated cheese and bread and stir.

Fold in the softened butter and mix it with the other ingredients to form a dough.

Squeeze the dough through the special tool for passatelli a sort of cheese grater with large holes.

Bring the stock to the boil and drop in the bits of squeezed dough.

As soon as they come to the surface they are ready.

Serve immediately with the hot broth in which they were cooked.

Passatelli della Neda

Questi Passatelli sono la tradizione della cena di Natale alla Settemari.

Alfredo Z.

120 g parmigiano reggiano grattugiato

130 g pane grattugiato (ottenuto da crocette ferraresi)

30 g di midollo di bue freschissimo (ora è fuorilegge e si usa il burro per 20 g)

3 uova fresche e un tuorlo

buccia di limone grattugiata

abbondante noce moscata

sale marino di Cervia q. b.

brodo di carne 1,2 lt

Rompere le uova in una ciotola e salare poco. Grattugiare la noce moscata, la scorza di limone e sbattere tutto insieme.

Aggiungere il formaggio grattugiato e il pane e mescolare. Aggiungere quindi il burro ammorbidito e incorporarlo agli altri ingredienti.

L'impasto dovrà risultare più sodo di un purè di patate.

Mettere un po' dell'impasto nell'apposito strumento per passatelli (simile ad uno schiacciapatate), schiacciare, ricavando tanti cilindretti che verranno fatti cadere nel brodo in ebollizione. Saranno pronti appena affioreranno dal brodo.

Servirli con il brodo caldo.

Pumpkin Soup

There are lots of things you can do with a pumpkin: use it for Halloween, or Cinderella's carriage at midnight ….. but I prefer to make a soup …

Tina C.

For 4 people

2 white onions

1 large piece of fresh ginger

750 g pumpkin cut in pieces

olive oil

2 tins of coconut milk

½ litre of vegetable broth

salt

curry powder

Cut the onions in fine rings.

Peel and grate the ginger.

Heat the oil; add the onion, ginger and then the pumpkin.

Stir for several minutes before adding the coconut milk, broth and salt.

Simmer for around half an hour.

Serve with croutons.

Zuppa di Zucca

Ci sono molte cose che si possono fare con la zucca: usarla per Halloween, o per la carrozza di Cenerentola a mezzanotte… ma io preferisco fare una zuppa...

Tina C.

Per 4 persone

2 cipolle bianche

1 pezzo grande di zenzero fresco

750 g di zucca tagliata a pezzi

olio di oliva

2 scatole di latte di cocco

½ lt di brodo di verdure

sale

curry in polvere

Tagliare le cipolle in cerchi.

Sbucciare lo zenzero e grattugiare.

Riscaldare l'olio.

Aggiungere prima le cipolle, poi lo zenzero ed infine la zucca.

Mescolare per qualche minuto.

Aggiungere il latte di cocco, il brodo ed il sale.

Cucinare a fiamma bassa per circa mezz'ora.

Passare il tutto e servire con piccoli crostini di pan carrè precedentemente rosolato.

Penne with Sardines and Fennel

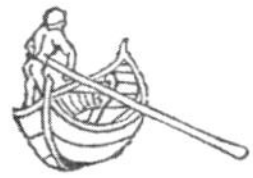

This dish is an adaptation of what they used to – twenty years ago if not more – serve at the trattoria El Giardinetto at San Cassiano, when the old owner was still a cook there. And some of the Settemari members would sometimes look out for it, when we went out in the balotina for a meal with the novice female members.

Giovanni C.

If you're cooking for five or six, you need two or three nice bulbs of fennel, around a dozen freshly caught sardines, two or three salted sardines (careful, just a few – they cost a bomb, and salted, not in oil), white wine (just a little, or what you haven't drunk..), some fennel seeds, a bit of tomato concentrate, oil, salt and pepper (if you want). You don't need anything else.

Steam the fennel for a couple of minutes (or even less) over the boiling water to add aroma; remove while they are still hard. Add salt to the boiling water and some seeds (half a spoon) and let the water boil.

Cut the fennel in fine circles, the same as onions in pickled sardines, and fry in a little oil in a large, shallow pan over a low flame. If necessary, add a little of the boiling water or white wine.

Scale and gut the sardines and remove the heads, then put in a frying pan over a low flame; add white wine and at the end add the salted sardines: add this cream to the large pan at the end, mix well and add the tomato concentrate.

The best pasta for this are penne – but not the smooth ones! When the pasta is almost ready, drain the water and put it in the large pan, stirring everything well over a low flame. Once you've removed it from the flame, add a little oil.

A Settemari wedding

Penéte co le Sarde Infenociàe

Sta pietanza la sarìa 'na modificazion de quela che usava – parlemo de vinti ani e sùpia a la tratoria "El giardineto" a Sancassan, co gera coga la parona vecia. E qualchedun de i fioi Settemari de 'che 'a volta forsi la ga çercada, co 'ndavìmo fora in balotìna par 'na cifàda co le socie novìsse.

Giovanni C.

Par çinque-sie boche ghe vol do-tre bei fenòci, na dozéna de sarde de alba, do-tre sarde mazoràe soto sal (poche, me racomando, che le costa un òcio; e nome soto sal: che no le sia soto ogio!), vin bianco fermo qb (quel che bastaràve o quel che no ti bevi..), un pochi de semi, sempre de fenòcio, 'na ponta de pomidoro conçentrà, ogio, sal e pévare (par chi che lo vol).

Altro no serve.

I fenòci va fati andar, pena pena, par un par de minuti (anca manco), a vapor sora l'aqua de bogio che cussì la ciapa l'aroma, cavandoli co i xe ancora duri.

Ne l'acqua de bogio se ghe zonta el so sal e un pochi de semi (mezo scugièr da minestra) e la se lasa a bògier ne la so pignata.

I fenòci va tagiai fini fini, come xe usanza co le ségole par el saór, e fati andar co un poco de ogio in te 'na farsóra grandéta e bassa, tegnindo el fogo ben basso. Se fa bisogno se ghe zonta un poca de aqua de bogio o de vin bianco.

A parte se ciapa le sarde de alba, se ghe cava la testa, 'e squame, el spin e i buei e le se fa sfantàr in te 'na farsoréta, slongàndole a fogo squasi stuà col vin bianco e zontàndoghe in ultima un par de fileti de sarde salàde: sta crema cussì fata la se zonta alfin ne la farsòra granda, missiando ben el tuto co la zonta de pomidoro conçentrà.

Par 'sto conzièr ghe vorìa 'na pasta meza longa, tipo penéte co le righe che le xe la so morte.

Co le penéte xe squasi cusinàde le se scola e le se zonta in farsora, missiando ben ben el tuto a fogo basso e zontandoghe a fogo stuà un poco de ogio fin, quel che ciàma.

Creamed Leeks from St. Erasmo

A quick supper when you come back late and the fridge is empty!

Ota G.

For about 4 people

1 kg leeks from St Erasmo (the orchard of Venice)

2-3 medium size potatoes, preferably from St Erasmo too

1 tbs olive oil

1 vegetable stock cube

salt

Thoroughly wash the leeks which are usually full of earth, peel and wash the potatoes. Slice the leeks into rounds and cut the potatoes into pieces.

Put in the pressure cooker with a spoon of olive oil and lightly fry for a few minutes.

Add enough water to cover the leeks with the stock cube. Close the pressure cooker.

Cook for ten minutes once it starts to whistle. Open the cooker and blend the leeks with an electric mixer.

Taste for salt and add if necessary, add some oil and serve.

All sorts of vegetables can be creamed using this method.

Vellutata di Porri di Sant'Erasmo

Ricetta salvacena per quando si torna a casa alle 8 e in frigo non c'è niente!

Ota G.

Per circa 4 persone

1 kg di porri rigorosamente di Sant'Erasmo

2-3 patate medie preferibilmente di Sant'Erasmo

1 cucchiaio di olio di oliva

1 dado vegetale

sale

Lavare accuratamente i porri di Sant'Erasmo che contengono un sacco di terra, sbucciare e lavare le patate.

Tagliare a rondelle i porri e a pezzetti le patate, metterli nella pentola a pressione con un cucchiaio di olio di oliva e soffriggere per qualche minuto.

Aggiungere poca acqua a coprire le verdure, il dado e chiudere la pentola.

Cuocere per 10 minuti dal fischio della pressione.

Aprire la pentola e frullare il tutto con il minipimer.

Aggiustare di sale e aggiungere un po' di olio di oliva.

Con lo stesso principio si possono fare tutte le creme di verdura.

"Freedom" Penne

When she had finished eating it, the girl I had cooked it for asked me to marry her. You can get enthusiastic about the choice of ingredients but you do not need to go so far as a wedding. Do not be too extravagant with the mandarin.

Giuliano C.

For 4 people

500 g penne (pasta quills)

200 g bacon (better if it is the mortandella from the Valley of Non)

1 cup of sour cream (or normal cream)

2 courgettes

half a mandarin

1 cup of hazelnuts

mature cheese

Slice the courgettes in rounds 1-2 cm thick and put in a pan with some oil and a bit of pepper. Once browned add the cubed bacon or crumble in the mortandella and lower the heat.

Cook the pasta as usual.

Drain and pour into the pan.

Add the cream, shake the pan and once everything is well-mixed add some mandarin segments cut in small pieces, without the seeds.

Dish out the pasta and sprinkle with ground hazelnuts and flakes of grey cheese from Valle Aurina (best) or flakes of matured Vezzena type cheese.

Mortandella is a salami without the skin, it has the shape of a rissole and it is slightly smoked.

The grey cheese is without rennet, grey in colour because of the mould, it is a "slow food" recommended cheese.

Vezzena cheese is from a mountain near Levico Terme, it is a mature cheese, it has a typical mountain taste and it is used in flakes.

Penne in Libertà

La ragazza, a cui l'avevo preparata, finita di mangiare la pasta mi chiese di sposarla. Se calibrate bene gli ingredienti vi entusiasmerete anche Voi, magari senza arrivare al matrimonio. Attenti a non esagerare col mandarino.

Giuliano C.

Per 4 persone

500 g di penne

200 g di pancetta (meglio mortandella della Val di Non, se potete)

1 tazza di panna agra (o da cucina se la preferite)

2 zucchine

mezzo mandarino

1 tazza di nocciole

formaggio stagionato

Cucinate le zucchine tagliate a rondelle (spessore normale 1-2 cm) in tegame con olio e pizzico di pepe.

Una volta che si saranno un po' asciugate aggiungete la pancetta tagliata a pezzetti (o la mortandella sbriciolata) e abbassate un po' il fuoco.

Cucinate la pasta come al solito.

Scolate e versate nel tegame, padellate e aggiungete la panna, una volta amalgamato il tutto aggiungete un po' di spicchi di mandarino tagliati a pezzetti e liberati dei semi.

Impiattate e spolverate di nocciole tritate e di formaggio a scaglie (il massimo il formaggio grigio della Valle Aurina, altrimenti formaggio stagionato tipo Vezzena).

La mortandella è un salume senza budello a forma di polpetta leggermente affumicata.

Il formaggio grigio è un formaggio povero fatto senza caglio, dal colore grigio per le muffe che si sviluppano.

È un presidio slow-food.

Il formaggio Vezzena si realizza sulla montagna di Levico Terme, stagionato, gusto e profumo di montagna, si usa a scaglie.

Gerstsuppe (Barley Soup)

It could be an alternative to the typical Venetian "pasta and fasioi" (pasta and bean soup).

Giulio U.

For 4 people

100 g smoked speck

100 g pearl barley

1.75 litre water

200 g smoked pork

1 small onion

1 carrot

1 leek

1 potato

1 celery stick

salt

Cut the speck into small cubes and lightly fry in a large saucepan, add the previously washed barley and the water with some salt.

Then add the smoked meat and cook on a low heat for about two hours.

20 minutes before removing the pan from the heat add the vegetables cut in very small pieces and carry on cooking.

Remove the meat, cut into small pieces and put back into the pan.

Add some salt if necessary.

Serve it in terracotta bowls and decorate it with celery leaves.

A Settemari wedding

Gerstsuppe (Minestra d'Orzo)

Potrebbe essere una alternativa alla pasta e fasioi veneta!

Giulio U.

Per 4 persone

100 g speck affumicato

100 g orzo perlato

1.75 lt acqua

200 g carne di maiale affumicata

1 cipolla piccola

1 carota

1 porro

1 patata

1 gambo di sedano

sale

Tagliare lo speck in dadini piccoli e rosolarlo in una pentola grande.

Aggiungere l'orzo lavato e l'acqua.

Poi aggiungere la carne affumicata e fare cuocere il tutto a fuoco lento per ca. 2 ore.

20 minuti prima della fine della cottura aggiungere le verdure tagliate in pezzetti molto piccoli e fare cuocere.

Poi togliere la carne affumicata, tagliarla in pezzetti e rimetterla nella minestra.

Aggiustare di sale e servire in ciotole di terracotta, guarnire con una foglia di sedano.

Un matrimonio Settemari

Bean and Pasta soup for regattas

This is the recipe for bean and pasta soup that everyone eats together when there's a regatta. Whoever won the race enjoys it much more than the others –everyone eats it though! But it must be really hot because the colder it is outside, the more people say: "doesn't this soup taste great!!!"

Piero T.

The ingredients are for 100 - 120 people

ten kilos of borlotti beans

half a kilo of potatoes

half a kilo of carrots

half a kilo of white onions

a piece of celery and a nice sprig of fresh rosemary

half a litre of extra virgin oil

six or seven hundred grams of lard and smoked ham cut up in pieces

coarse salt and pepper

three kilos of very short pasta.

First of all, you need a saucepan that can hold around fifty-sixty litres of water.

Put the following in the saucepan:

Ten kilos of borlotti beans (if someone sponsored the race and there's enough money you can buy Lamon beans which are really expensive, but if you don't have a sponsor or any money, borlotti beans will do just fine since anyone who's just been in a boat race will be so tired they won't be able to tell the difference! But you must remember to soak them the night before. I forgot to do so once, and the day after I had to get up at three in the morning to make the soup).

Half a kilo of potatoes, half a kilo of carrots and half a kilo of white onions.

(If you want to be quicker, buy a bag of vegetables already prepared from the supermarket – all you have to do is throw it in the saucepan. If you feel like it and have time on your hands, and if you feel like crying even if you're not sad to make your eyes more beautiful, then you can prepare the carrots, potatoes and onions – cut them up in small pieces the way they do on television).

A piece of celery and a nice sprig of rosemary.

Half a litre of olive oil, extra vergine.

(continued)

Pasta e Fagioli per le regate

Questa xé la ricetta per la pasta e fasioi che se magna tuti in compagnia el giorno de la regata. Chi gà vinto la regata la magna più volentieri de chi che no gà vinto, ma i la magna tuti, l'importante xé che la sia bela calda, perché cussì più fa fredo più tuti queli che la magna dixe: "che bona sta pasta e fasioi!!!"

Piero T.

Le dosi xé par cento, centovinti persone, dipende da la man e da l'ocio de chi che la serve, e anca da quanto che xe' grando el mestolo che la bùta sui piati.

dieze chili de fasioi borloti

mezo chilo de patate

mezo de carote

mezo chilo de segole bianche

una gamba de sedano e una bela rama de osmarin

mezo litro de olio extra vergine de oliva

sie, sète etti de lardo e de parsùto cruo tagiài a tocheti

sal grosso e pévare

3 chili de subiòti

Prima de tuto serve un pignatòn da cinquanta, sesanta litri. Nel pignatòn ti gà da butàr:

Dieze chili de fasioi borloti. (Se la regata gà el sponsor e ghe xé i schei ti pol tòr i fasioi de Lamon, che costa tanto, ma, se no ghe xé el sponsor e no ghe xé i schei, i fasioi borloti normali va ben lo stesso, che tanto chi che xé smontà da la barca e xé stanco non capisse de sicuro se i xé de Lamon o no. Importante xé che ti te ricordi de meterli a bagno el giorno prima. Mi, una volta, me so desmentegà, e el giorno dopo me gà tocà svegiarme a le tre de note per far la pasta e fasioi).

Mezo chilo de patate, mezo de carote, e anca mezo chilo de segole bianche. (Per far presto ti pol tòr al supermercato le buste co le verdure già pronte, netàe e curàe, che basta butarle subito intière nel pignatòn. Se ti gà el boresso e tempo da perder e ti vol pianzer anca se no ti xé triste, perché el pianto fa li oci beli, ti te curi ti le carote, le patate e le segole, e ti le fa a tocheti fini come che i mostra in televisiòn).

Una gamba de sedano e una bela rama de osmarin, mezo litro de olio extra vergine de oliva, sie, sète etti de lardo e de parsùto cruo tagiài a tocheti. (Mi vado al supermercato e tògo i culi de parsùto

Bean and Pasta Soup for regattas 

(Continued)

Six-seven hundred grams of lard and smoked ham cut into cubes (I go to the supermarket and buy the end cuts because it's cheaper so I can buy more).

Coarse salt and pepper.

When you've finished putting it all in the pot, cover with water and put the lid on.

Then you put the hot plate on and wait for it to come to the boil – which will take at least an hour. You can use this time to get the rest of the refreshments ready: slice the salami, cut the cheese into small pieces, boil and shell the eggs, and pour the wine into jugs.

When the beans start to boil, turn the heat down and let it simmer for at least an hour and a half; stir every now and then, and taste to see if you need to add seasoning. The beans are ready when they become all soft.

Then you get out the blender and blend:

the bits of carrots and onion that are floating around on the top.

the potatoes that are deliberately hiding on the bottom and you have to search for them;

at least half the beans so it becomes nice and creamy.

Stir really well to make sure all the onions and potatoes have been blended – otherwise they aren't nice to look at. Try and take out all the bits of rosemary too, so the saucepan doesn't look like a rubbish bin.

The beans are now ready and all you have to do is boil 3 kilos of short pasta (I like ditaloni number 49); drain them when they are still al dente and put in another saucepan with some olive oil so they don't stick together.

This way you can take them to wherever the regatta took place and add the pasta at the right moment, when everyone is ready. If you add it earlier, it'll continue to cook and when it's time to eat, the pasta will have become as long as spaghetti and everyone will complain.

A word of advice: why don't you do the race and let someone else do the bean soup – you'll have more fun and it won't be as exhausting!

Pasta e Fagioli per le regate

vanzài, perché i costa de manco e cussì ghe ne togo de più), sal grosso e pévare.

Quando che ti gà finìo de butar tuto sto ben de Dio, ti gà da coverserlo de acqua fin dove che la ghe stà e da meterghe sora el covèrcio. Adesso xè rivà el momento de impizzar el fogo soto al pignatòn.

Prima che ciapa el bogio ghe vol almanco un'ora, tempo che ti pol impiegar proficuamente per preparar el resto del rinfresco: tagiar le fete de salame, far i tocheti de formàgio, cusinar e curar i vovi duri, travasar el vin bon.

Quando che la fasiolada gà ciapà el bogio ti gà da sbassar el fogo e da farla andar almanco per un'ora e meza, missiando de tanto in tanto e tastando sal e pévare, finchè ti vedi che i fasioi xé ben cusinai e i se desfa facilmente.

Quindi ti gà da tòr la passaòra e da passar: i tocheti de carota e le segole, che le xé a gala sora de tuto. Le patate, che le xé andàe a fondi, e bisogna zercarle perché par che le fassa a posta a sconderse. Almanco metà dei fasioi, cussì che cussì che la sòpa deventa crema. Mìssia ben tuto finché ti xè sicuro che no ghe sia più segole o patate intière, che le xè brute da veder, e zerca de cavar via ben anca tuti i gambi de l'osmarin, in modo che el pignatòn no para una scoazzera.

La fasiolada xè pronta, adesso basta cusinar tre chili de subiòti (mi togo i ditaloni del numero quarantanove) lassandoli un poco indrìo (in italian se dìse "al dente") e metendoli da parte in una pignata, conzài co l' olio de oliva, in modo che no i se tàca. Cussì fazendo ti pol portar sul lògo de la regata la fasiolada e zontarghe la pasta cusinada al punto giusto proprio al momento de magnarla, perché, se invece ti la meti subito ne la fasiolada, la pasta continua a cusinarse e quando che xé rivada l'ora de magnarla i subiòti xé deventài longhi come luganeghe e tuti se lagna. Per finir, te consiglio de far ti la regata e de lassar che qualchedun altro fassa la pasta e fasioi, che ti te diverti de più e ti fa manco fadiga.

A Caorlina rowed English style in the Carnival Regatta!

The boat with the "pasta e fasioi" saucepan

La premiazione della regata di carnevale

Si distribuisce "pasta e fasioi" dopo la regata di carnevale

Main Courses

Secondi Piatti

Corso di sfilettatura del pesce alla Settemari

Castradina

Traditional dish of the feast of "Madonna della Salute"(21st November) which celebrates the end of the plague in 1630. It is salted, smoked, spiced, dried mutton meat that originally came from Dalmatia and Albania. It was very popular at the time of the plague . This particular way to preserve the meat enabled the Venetians to survive it.

Michele M.

For 4 people

1 kg cured mutton

1 kg Savoy cabbage

50 g butter

50 g onion

salt and pepper

thyme optional

It is essential to have the cured mutton which is available in Venice at the end of the Autumn.

Boil the meat 3 times, for at least 2 hours each time, changing the water each time.

Keep the stock from the last occasion.

Lightly fry the onion in the butter, add the finely cut cabbage and cook until almost ready.

Then combine the cabbage with the meat and the stock and carry on cooking until ready.

If you like you can add a pinch of thyme.

The dish should be served in terracotta bowls with croutons fried in butter.

A good Cabernet Sauvignon from Asolo area would be the perfect accompaniment.

The "trabaccolo" where guests can taste a dish of castradina at the feast of the "Madonna della Salute" in November

Castradina

Piatto tipico della Madonna della Salute (21 novembre). Si tratta di carne salata, affumicata, speziata ed essiccata di montone originariamente proveniente dalla Dalmazia e dall'Albania che ebbe grande diffusione all'epoca della pestilenza del 1630: questa tecnica di conservazione consentiva di superare il periodo di quarantena in epoca di emergenza sanitaria.

Michele M.

Per 4 persone

1000 g castrato salmistrato

1 kg verze

50 g burro

100 g cipolla

sale e pepe q.b.

timo q.b.

Procurarsi della carne di montone castrato salmistrato (disponibile a Venezia nel periodo tardo autunnale), bollire la carne per tre volte, ciascuna volta per almeno due ore cambiando l'acqua ogni volta; conservare l'acqua dell'ultima bollitura.

Soffriggere la cipolla nel burro ed aggiungere la verza tagliata a *julienne*, farla cucinare fino a 3/4 di cottura, unirla poi alla carne insieme al suo brodo e completare la cottura.

Si può aggiungere a piacere un pizzico di timo. Il piatto andrebbe servito in ciotole di coccio con crostini di pane saltati al burro.

Un Cabernet Sauvignon asolano darebbe il tocco finale.

Roast Shin of Pork

The shin reminds me of happy winter holidays, snow and mountain huts .

Carla B.

For 4 people

4 shins of pork

16 medium red potatoes

coarse salt

1 leek

extra virgin olive oil

dry white wine

4 medium carrots

4 courgettes

vegetable stock

8 pineapple slices

Cut the potatoes in large chunks and open up the shins along the bone so they cook evenly. Cover everything with dry white wine.

Add the carrots and courgettes, cut in large chunks as they must not disintegrate.

Put the casserole the oven at 180°C for an hour.

In a separate saucepan warm up a vegetable stock and gradually pour onto the meat to prevent it from getting too dry. Take the shins out of the dish, remove the meat from the bones, cutting into small chunks.

Stir everything together, pour more stock in and put back into the oven.

Add the pineapple 10 minutes before removing the dish from the oven.

Stinco al forno

Lo stinco mi ricorda momenti di vacanza in montagna d'inverno, rifugi e neve .

Carla B.

Per 4 persone

4 stinchi di maiale

16 patate rosse medie

sale grosso

1 porro

olio d'oliva extra-vergine

vino bianco secco

4 carote medie

4 zucchine

brodo vegetale

8 fette di ananas

Tagliare le patate rosse a pezzi grossi e gli stinchi di maiale a metà perché così si cucinano meglio.

Aggiungere tanto vino bianco secco che copra il tutto.

Inserire poi le carote e le zucchine sempre tagliate a tocchi grossi perchè in due ore di cottura devono rimanere interi.

Inserire la teglia in forno a 180°C per un'ora.

Scaldare anticipatamente un abbondante brodo vegetale e versarlo ogni tanto sulla carne perché non asciughi troppo.

Togliere gli stinchi e scarnificarli (a crudo non si può), tagliarli a pezzi piccoli e rimetterli nella casseruola, mescolare e versare ancora il brodo. Rimettere in forno.

Aggiungere ananas a 10 minuti dalla fine della cottura.

Pig Trotter and Cabbage

A blow to the liver!!!

Luciano M.

For 2 people

1 pig trotter

a bit of lard

1 small onion

a sprig of rosemary

1 white cabbage

salt

pepper

Hold the pig trotter over a flame to remove the bristles. Scrape lightly to clean and then boil in salted water until nearly done.

Remove and brown in a frying pan with some lard, onions, rosemary leaves and white cabbage cut into strips.

Season with salt and pepper.

One trotter is enough for two people.

Recommended wine, chilled Raboso Veronese

Penin de Porseo co le Verse

Na man santa per el fegato!!!...

Luciano M.

Per do persone

1 penin de porseo

lardo

segoa

osmarin

verze bianche

sal

pevare

Sfiamegar un penin de porseo par cavarghe i pelassi duri e gratarlo lesermente e netarlo ben.

Dopo, farlo lesar in acqua salada, ma tegnindoo al dente.

Dopo se lo mete in tecia con un desfritin de lardo, segoa e osmarin e verze bianche tagiae fine.

Tirarlo a cotura e meterghe sal e pevare quanto che basta.

Con un penin magna do persone.

Se consiglia Raboso Veronese fresco.

Cous-cous of the Venetian Salt Marshes

A good recipe that can also easily be prepared in a boat - neither do you need to cook it nor do you need a lot of space - all you need is a large bowl and a knife.

Lamberto D.

For 12 people (crews for two Caorlinas)

2 packets of cous cous
10 lemons
8 tomatoes
4/5 medium size cucumbers
1 onion
1 clove of garlic
2 jars of chick peas
1 red pepper
1 yellow pepper
1 bunch of fresh mint
2 bunches of parsley
1 handful of pitted black olives
6/7 chopped anchovies
4/6 tbs olive oil
salt pepper
harissa sauce
chillies

Squeeze the lemons into a very large bowl and pour in the two packets of cous-cous.

Cut the tomatoes into pieces directly into the bowl without losing any of the juice. Add the peppers, onion, garlic all cut into small pieces, then add the anchovies, cucumbers and everything else plus the chopped herbs.

The cous cous will expand with the liquid from the vegetables.

At the end dress the mixture with oil, vinegar, harissa and a bit of chilli.

Keep stirring and if it is too dry add some water, a few spoonfuls at a time.

Cover with a tea towel and let it rest. It tastes much better after a couple of hours.

The cast of the Settemari taking the bow at the end of the Venetian dialect play "Acqua Alta"

Cus-cus di Barena

Ricetta pratica che si prepara anche in navigazione senza necessità di fuoco e di spazio. Basta un gran catino ed un coltello.

Lamberto D.

Per 12 persone (2 caorline)

2 scatole di cus-cus

10 limoni

8 pomodori

4/5 cetrioli medi

1 cipolla

1 spicchio di aglio

2 vasetti "di vetro" di ceci

2 peperoni, 1 giallo ed 1 rosso

1 mazzetto di menta fresca

2 mazzetti di prezzemolo

1 pugno di olive nere disossate

6 o 7 acciughe sminuzzate

olio, sale pepe, harissa, peperoncino

In un grande catino (molto grande!) si spremono i 10 limoni e si versano le 2 scatole di cus-cus che si devono imbibire a freddo.

Poi si tagliano i pomodori a pezzetti, direttamente, senza perdere il sugo, poi i peperoni, le cipolle e l'aglio a piccoli pezzi, poi le acciughe ed i cetrioli e via via tutto il resto, a pezzetti e con piccolo battuto.

Il cus-cus si gonfia con il liquido delle verdure.

Alla fine si condisce con olio (4/6 cucchiai), aceto, harissa ed un po' di peperoncino.

Si deve continuare a mescolare e se appare troppo secco si aggiunge, a cucchiai, un po' di acqua.

Si lascia riposare, coperto con un canovaccio.

È molto più buono dopo un paio di ore!!!

Baby Artichokes and Fried Chicken 

The castraura is the very first artichoke the plant produces in the centre; it has to be cut to allow the growth of botoli, (two to three), sottobottoli, (around a dozen) and then marotte (3-4)...

Pigi B.

For 40 people

60 young artichokes from Mazzorbo

10 chickens

20 egg yolks

200 g bread crumbs

10 lemons

Clean the castraure carefully, removing all the external leaves and peeling away the upper part and stalk with a knife until you get the heart of the artichoke. Cut it into four pieces lengthwise and place them in water with lemon juice.

Cut each chicken into around 12 pieces depending on the size, place in a bowl and cover with lemon juice for fifteen minutes.

Beat the egg yolks in a large bowl, dilute with mineral water or beer and then add the chicken pieces and dried artichokes.

Heat two or three litres of sunflower seed oil in a large frying pan; while waiting for it to heat, cover the chicken and artichokes with bread crumbs, shaking any excess off by placing it in a large, flat-bottomed sieve.

When the oil is hot, fry the chicken and artichokes until golden in colour, place on kitchen paper to get rid of excess oil; season.

Serve immediately.

Castraure in Fritto di Pollo

La castraura è il primo carciofo (articiocco) prodotto dalla pianta nella parte centrale, che deve essere tagliata per consentire la successiva produzione dei "botoli" (da due a tre), alla decina di "sottobotoli" e alle 3-4 "marotte"…

Pigi B.

Per 40 persone

60 castraure di Mazzorbo

10 polli

20 tuorli d'uovo

2 hg di pangrattato

10 limoni

Si preparano le castraure pulendole accuratamente, togliendo le foglie esterne (Brattee), e rifilando la parte superiore ed il gambo con una lama; si tiene così il cuore della castraura.

Si taglia verticalmente in quattro parti, e si posa in un recipiente con acqua e limoni spremuti.

Il pollo, tagliato in pezzetti, (tre per ogni quarto), va bagnato in un recipiente con succo di limone, per quindici minuti.

Si battono i tuorli d'uovo in un recipiente capiente e si aggiunge acqua minerale o birra per diluire, in questo si immergono i pezzetti di pollo e le castraure asciutte.

In una grande padella si scaldano due o tre litri di olio di semi, e mentre si attende la bollitura, si impanano i pezzetti di pollo e castraure nel pane grattugiato, passando il tutto su un "tamiso" (setaccio).

Quando l'olio è bollente, si friggono i pezzetti di pollo e castraure, fino a doratura, si asciugano su carta da fritto e si salano.

Vanno serviti in tavola caldi.

The violet artichoke from Mazzorbo is similar to those from S. Erasmo and other islands in the Venice lagoon, which are grown in this particular area of the northern lagoon, by a group of gardeners who have joined ranks in the association Isola Valverde di Burano.

The artichoke is a perennial plant; at the end of the winter smottatura is carried out, i.e. the removal of the earth at the base of the plants, followed by scardatura to strengthen it, by removing the offshoots of the main plant.

This is when they start to produce, beginning with the very first artichoke of the season, called castraura, followed by various subspecies until the end of May.

The plant flowers in June, dries up, and then disappears completely in the summer.

At the end of August or beginning of September, the first leaves reappear, marking the start of a new cycle although, being a spring species, it won't produce any artichokes until the spring.

The plant continues its growth throughout the autumn, until the beginning of November when it has to be cut back again, to strengthen it, and mottato, i.e. protected with a mound of earth on the north side to protect it from the icy winter winds.

The autumn offshoots, so-called cardi, can be replanted or cooked and eaten.

Jolly gathering at Mazzorbetto island

L'articiocco violetto di Mazzorbo, è una qualità simile a quella di S. Erasmo, e delle altre isole della laguna di Venezia, che viene coltivato in questa particolare area della laguna nord, dagli orticoltori riunitisi nell'associazione "Isola Valverde di Burano".

L'articiocco è una pianta perenne, con un ciclo che comincia alla fine dell'inverno con l'operazione detta "smottatura", ovvero la rimozione della protezione in terra della base della pianta, e successiva "scardatura" (scarducciatura), per rinforzarla, tagliando le piante figlie dalla pianta madre, o comunque la più rigogliosa.

Da questo momento ha inizio il periodo produttivo, con il taglio della prima e unica castraura e successive sottospecie, che proseguirà fino a tutto maggio.

A giugno la pianta va in fiore, per poi rinsecchire e sparire completamente nei mesi estivi.

A fine agosto, primi settembre, ricompaiono le prime foglie, ed ha inizio una nuova crescita, che però non produrrà articiocchi, in quanto la nostra è la specie primaverile.

La pianta proseguirà nel suo sviluppo autunnale, fino ai primi di novembre quando dovrà nuovamente essere scardata per rinforzarla, e "mottata"con un cumulo di terreno nella parte a nord, per proteggerla dai venti gelido dell'inverno.

Con la scarducciatura autunnale, i polloni o "cardi" possono essere reimpiantati, o consumati a tavola.

Rissoles with Cumin and Brussels Sprouts

The dish is better served hot, so we suggest to take with you 3 stones and 3 tea lights. Place the pan on the three stones, light a fire to St.Servolo, the protector of the Winter picnics in the lagoon and wait.... A particularly good recipe for Winter excursions in a caorlina (6 rowers) or ballottina (5 rowers). And we know the meaning of being hungry!

Amedeo M. and Silvia B.

800 g lean beef mince
400 g pork mince
½ kg Brussels sprouts
100 g dry breadcrumbs
1 egg
1 ½ tbs cumin
½ golden onion
1 or 2 cloves of garlic
salt, pepper and chilli
extra virgin olive oil
¼ glass dry white wine
¼ beef stock cube optional
a non stick pan with a glass lid, large enough to hold the sprouts and the rissoles in one layer
3 tea lights
3 stones

Clean the sprouts getting rid of the outside leaves. Chop the onion, put it in a large non stick pan with a little bit of oil,(the rissoles will release the necessary fat) a pinch of salt and cook until it softens, then add the wine and let it evaporate. Remove from the heat and add the sprouts.

Put the mince, the finely chopped garlic, the egg, salt, pepper, a pinch of crushed chilli and a teaspoon of freshly ground cumin in a large bowl.

I'd like to say a few words about the cumin. If you want a more Eastern flavour you need the real cumin from the Middle East (Cuminum cyminum) but also the cumin from the North (Carum carvi) which is used in Austria to flavour the saurkraut, of the same family as the sprouts, is equally good.

Using your hands mix everything together then sprinkle in the breadcrumbs and carry on mixing for a long time.

(contd.)

Polpettine al Cumino con Cavoletti di Bruxelles

Particolarmente adatto ad uscite invernali (caorlina uso rompighiaccio), è sicuramente migliore caldo. Portatevi quindi tre bei sassi e tre moccoli. Ponete la padella sui tre sassi (per tre punti passa un piano e uno solo...), sotto accendete i tre moccoli a S.Servolo, protettore dei picnic invernali in laguna, e aspettate…
Dosi per caorlina o balotina (6 rematori ... e "savemo cossa che vol dir fame..").

Amedeo M. e Silvia B.

800 g di macinato di manzo magro e 400 g di macinato di maiale

2 vaschette di cavoletti di Bruxelles

100 g di pan grattato

1 uovo intero

cumino (vedi dopo..)

cipolla dorata (mezza)

aglio (1-2 spicchi)

sale, pepe, peperoncino

olio di oliva extra

vino bianco secco (¼ di bicchiere)

¼ dado, se si vuole

padella antiaderente abbastanza larga (deve contenere cavoletti e polpette in un unico strato, ma un po' promiscui...) con coperchio in vetro

3 moccoli

3 sassi

Si puliscono i cavoletti eliminando le foglie più esterne. Nella padella si appassisce in poco olio (saranno le polpette poi a lasciare il grasso) la cipolla tritata con una presa di sale. Quando è morbida si versa il vino e si fa evaporare. Si spegne il fuoco e dopo qualche minuto si aggiungono i cavoletti.

In una terrina grande si mette la carne macinata, l'aglio pelato tritato finissimo, l'uovo, il sale, il pepe, poco poco peperoncino piccante macinato e un cucchiaio di cumino appena macinato con il macinino elettrico, quello per il caffè (macinatene un cucchiaio e mezzo che poi serve..).

Il cumino merita un piccolo approfondimento: volendo un profumo più "levantin" si deve usare il vero cumino del medio oriente (*Cuminum cyminum,* "ßãæä" in arabo, Kreuzkümmel in tedesco) ma è ottimo anche il cumino del Nord (*Carum carvi,* Carvi, Kümmel, Cumino tedesco) che viene usato per esempio in Austria per insaporire i crauti, che sono poi della stessa famiglia dei cavoletti.

Affondando le mani si mescola bene il tutto, poi si aggiunge a pioggia il pangrattato e si mescola ancora a lungo.

Rissoles with cumin and Brussels Sprouts *(contd.)*

Flour your hands and make small balls with the mixture, the size of the sprouts and place them in the pan in one layer, alternating them with the sprouts.

Put ½ cm of water in the pan, 2 ts of ground cumin and a quarter stock cube. Test for salt and pepper, cover preferably with a glass lid and cook on a low heat gently stirring and adding a bit of water if it gets too dry.

When the sprouts are ready (i.e. a fork can be easily inserted) remove the lid and reduce the juices.

Wine: Refosco dal peduncolo rosso, Teroldego

Polpettine al Cumino con Cavoletti di Bruxelles

Con le mani un po' infarinate si fanno delle palline delle dimensioni dei cavoletti e si sistemano nella padella.

Si mette nella padella mezzo centimetro di acqua, due cucchiaini di cumino macinato e volendo un quarto di dado. Si aggiusta di sale e di pepe e si cucina con coperchio a fuoco medio rimestando delicatamente e aggiungendo un po' d'acqua quando si asciuga troppo.

Quando i cavoletti sono cotti (devono essere teneri da poter tagliare facilmente con una forchetta), si scoperchia e si asciuga.

Vino: Refosco dal peduncolo rosso, Teroldego.

Turbot à l'Orange

Between one stroke of the oar and the next on the way back from a nice outing on Mazzorbetto, I could still taste our lunch of bread and salami and pasta with scampi. All of a sudden the oar seems heavier and I'm tired out. This evening something light, then a good sleep. I am always full of good resolutions! I should have some turbot fillets in the freezer, I may also have some oranges. Here it is...I am already thinking about supper and I will enjoy my turbot fillets à l'orange. I'm never going to lose weight!

Gaetano D.V.

For 4 people

4 turbot fillets

150 ml freshly squeezed orange juice

chopped rind (not grated) from half an orange

40 g butter

2 tbs olive oil

Worcestershire sauce

salt

Pepper, freshly ground

flour

a couple of "Ossi"(Venetian bread)

Sprinkle the fillets with salt and freshly ground pepper and dip them in a little flour. Warm up the oil in a frying pan and before it gets too hot (it would fry the fillets) cook the fillets turning them over a few times. When ready (after five or six minutes on each side) place on a serving dish and sprinkle the chopped orange rind on top.

Put the dish in the oven at 160°C to keep warm while preparing the sauce.

Throw away the oil from the pan (if you use it the sauce won't taste so fresh), put some butter cut in small pieces in the pan, add the orange juice.

Bring to the boil and simmer for 2 or 3 minutes until reduced. Try the sauce, add salt, freshly ground pepper and a few drops of Worcestershire sauce. Remove the dish from the oven and pour over the sauce.

Bon appetit, drink a good Pinot Grigio with it or a chilled Prosecco. If you want to be extravagant a good vintage Champagne will go down well.

And what about the "ossi"? There will be enough sauce in the dish so you are welcome to dunk the bread in it, the Italian way.

Rombo all'Arancio

Tra un colpo di remo e un altro, rientrando da una bella scampagnata a Mazzorbetto, sentivo ancora il gusto delizioso del pane e salame e della pasta con gli scampi. Improvvisamente mi accorgo che il remo è duro e che in fondo sono proprio stanco. Questa sera una cosina leggera e poi a nanna. Dovrei avere dei filetti di rombo in congelatore. Forse ho anche delle arance. Ecco fatto…. Già penso alla cena e ho deciso che mi gusterò i miei filetti di rombo all'arancio.

Non dimagrirò mai!

Gaetano D.V.

Per 4 persone

4 filetti di rombo

150 ml di succo d'arancia fresca

la buccia di una mezza arancia tritata (non grattugiata!)

40 g di burro

2 cucchiai di olio di oliva

salsa Worcestershire

sale

pepe (da macinare al momento)

farina

un paio di "ossi" veneziani (pane)

Insaporite i rombi con sale e pepe macinato poi cospargeteli di farina (molto poca). Intanto in una padella scaldate l'olio a fuoco vivace. Prima che l'olio si scaldi troppo, aggiungete i filetti e cucinateli rivoltandoli.

Quando tendono a sfaldarsi (dopo 5 o 6 minuti per ogni lato), trasferite i filetti su un piatto di portata caldo e spruzzateli con la buccia d'arancia tritata e mettete il piatto in forno a 160 gradi (per tenerli caldi in attesa della salsina che andiamo a fare).

Gettare via l'olio dalla padella (se lo tenete, la salsina sarà di gusto meno fresco), mettete il burro tagliato a pezzettini piccoli e il succo d'arancia.

Fate bollire per 2 o 3 minuti cercando di addensare il burro e il succo. Insaporite la salsa con sale, pepe macinato al momento e qualche goccia di Worcestershire. Prendete il piatto dal forno e versateci sopra la salsa.

Beveteci sopra un buon pinot grigio o un prosecchino molto fresco. Una volta provate anche un buon champagne millesimato.

E cosa facciamo degli ossi? Che domande… resterà abbastanza sugo nel piatto di portata e quindi vai con le scarpette.

Quiche with Wurstels, Fontina cheese and black Olives

We ate this tart in a boat after a strenuous row to Tessera, the current being so strong that it was like rowing in a swollen river after the heavy rains which had flooded the Veneto plains. The great exertion made this nourishing dish even more appealing.

Elena C.

For 6 people

300 g flour

250 g butter

2 tbs grated parmesan cheese

150 g fontina cheese, thinly sliced

6 large potatoes about 1.3 kg in weight

2 eggs

250 g wurstels sliced in rounds

nutmeg

80 g pitted black olives cut in halves

salt and pepper

Knead the flour with 150 gm butter, salt and a few spoonfuls of water. Let the dough rest covered for about 30 minutes.

Boil, peel the potatoes and mash. Put in a casserole for a few minutes, then add 80 g of butter.

Remove from the heat, add salt, pepper and nutmeg then the parmesan and the 2 yolks, one at the time.

Finally whip the whites and fold them in. Reserve some for the top layer.

Divide the rest in two parts and add the wurstels to the first half and the olives to the second half.

Roll out the pastry and line a buttered 25 cm baking tin. Put in a hot oven at 180°C for 15 minutes.

Remove from the oven and pour in the potato mixture with the wurstels, cover with cheese slices and then put a layer of the potato mixture with olives on top.

Put a final layer with the potato mixture which has been kept aside and cover with slices of cheese.

Cook for a further 30 minutes until the cheese becomes golden in colour.

Crostata di Würstel, Fontina e Olive nere

Abbiamo mangiato questa crostata durante una gita in barca a Tessera, dopo aver risalito una corrente contraria, che sembrava un fiume in piena, a causa delle forti piogge che avevano allagato la pianura veneta. Il grande sforzo profuso dai nostri forti vogatori, ha reso ancor più appetitosa questa nutriente preparazione.

Elena C.

Per 6 persone

300 g di farina

250 g di burro

2 cucchiai di parmigiano grattugiato

150 g di fontina a fettine sottili

6 grosse patate (1300 g circa)

2 uova

250 g di würstel a rondelle

noce moscata

80 g di olive nere snocciolate e tagliate a metà

sale e pepe

Impastate la farina con 150 g di burro, sale e qualche cucchiaio d'acqua. Fate riposare la pasta, coperta, per circa 30 minuti.

Nel frattempo lessate le patate, sbucciatele, passatele allo schiacciapatate e raccogliete il purè in una casseruola. Fatelo asciugare per qualche minuto a fuoco basso, poi unite 80 g di burro.

Togliete dal fuoco il composto; insaporite con sale, pepe e noce moscata, quindi unite il parmigiano e 2 tuorli, uno alla volta; da ultimo unite gli albumi montati a neve.

Mettete da parte un po' di composto per la decorazione finale, dividete il resto in 2 parti e unite al primo i würstel e al secondo le olive.

Stendete la pasta e foderatevi una tortiera (25 cm di diametro) imburrata e cuocete nel forno già caldo a 180°C per 15 minuti.

Sfornate e versatevi il composto con i würstel; cospargete con metà della fontina e ricoprite con il composto alle olive; cospargete con il composto lasciato da parte, da ultimo coprite con la fontina rimasta e cuocete per altri 30 minuti, fino a quando il formaggio avrà preso un bel colore dorato.

Fisherman's Pie

It was a typical dish in my family who lived on the coast of England where there was plenty of fresh fish.

Chris W.

For 4 people

400 g fresh white fish

200 g fresh salmon

50 g butter

500 ml milk

50 g plain flour

150 g peeled prawns

2 hard boiled eggs, chopped

2 tbs capers

3 tbs parsley

1 tablespoon lemon juice

salt and pepper

900 g potatoes

25 g butter

150 ml soured cream or yoghurt

a little nutmeg

Place the fish in a baking tin with salt and pepper. Pour over half the milk and bake in the oven for 15-20 minutes at 200°C or microwave it until cooked. Drain the liquid and keep aside. Remove the skin from the fish and cut into small pieces.

Make the white sauce by melting the butter in a saucepan, stir in the flour, gradually stirring in the fish liquid.

Then slowly add the remaining milk and season.

Fold the fish into the sauce with the prawns, the chopped eggs, capers, parsley and stir in the lemon juice.

Finally pour the mixture into a well-buttered baking dish.

Meanwhile mash the previously cooked and peeled potatoes, mix in the butter with the soured cream and the nutmeg.

Spread it over the fish.

Bake in the oven at 200°C for 30 minutes or until golden.

Torta di Pesce e Patate

Un piatto tipico della mia famiglia che viveva sulla costa dell'Inghilterra dove c'era pesce fresco in abbondanza.

Chris W.

Per 4 persone

400 g pesce bianco fresco
200 g salmone fresco
50 g burro
500 ml latte
50 g farina
150 g gamberi sgusciati
2 uova sode
2 cucchiai di capperi
3 cucchiai prezzemolo
1 cucchiaio succo di limone
sale e pepe
900 g patate
25 g burro
150 g panna acida o yoghurt
un pizzico di noce moscata

Mettere il pesce in una teglia con sale e pepe.

Versare sopra la metà del latte ed infornare per 15/20 minuti a 200°C o mettere nel microonde fin quando è cotto.

Scolare il liquido e metterlo da parte.

Togliere la pelle al pesce e tagliarlo a pezzetti.

Fare la besciamella sciogliendo il burro in un pentolino ed aggiungendo la farina.

Aggiungere poi poco per volta il liquido in cui si è cotto il pesce e poi, sempre rimestando, aggiungere il latte, salare e pepare.

Mischiare insieme il pesce con la besciamella, aggiungere i gamberi, le uova a pezzetti, i capperi, il prezzemolo ed il succo di limone.

Infine versare il tutto in una teglia imburrata.

Nel frattempo schiacciare le patate già cotte e pelate ed aggiungere il burro, la panna acida e la noce moscata. Stendere sul pesce .

Mettere in forno a 200°C per mezz'ora o fin quando s'indora.

Stuffed Duck

The indispensable duck for the Redentore celebrations in July, to be eaten in the boat with friends before the fireworks.

Massimo V.

1 duck

one sprig of rosemary

one sprig of sage

2 cloves of garlic

2/3 glasses of dry white wine

½ glass Cognac

salt and pepper

For the stuffing:

200 g mince beef

1 egg

1 handful parmesan cheese

1 handful grated bread

parsley, finely chopped

salt and pepper

Mix together and make into a sausage, stuff into the duck and secure with a toothpick

Clean, wash and dry the duck.

Mix all the ingredients for the stuffing together, make into a sausage and stuff the duck, sealing with toothpicks. Put in a pressure cooker with a bit of water for about 15 minutes.

Remove and place in a roasting pan with the herbs, garlic, salt and pepper, adding 2 glasses of wine and 2 of water. Cover and put on the heat.

Cook very slowly, regularly checking the amount of liquids in the pan and adding wine and water if it looks too dry, the success of this recipe is slow, careful cooking.

After one and a half hours add ½ glass of Cognac, cover and put the roasting pan in the oven and carry on cooking for another half hour until ready.

It is not necessary to use oil because the duck has got enough fat.

The Redentore fireworks in July

Anatra Ripiena

L'indispensabile anatra della festa del "Redentore", in barca con gli amici, prima dei fuochi d'artificio.

Massimo V.

1 anatra spennata e pulita

salvia

2 spicchi di aglio

rosmarino sale e pepe

3 bicchieri di vino bianco secco

mezzo bicchiere Cognac

Per il ripieno (facoltativo)

200 g carne macinata

1 uovo

una manciata di parmigiano

una manciata di pane gratuggiato

prezzemolo tritato

sale e pepe

Mischiare il tutto, fare un rotolo e infilarlo nell'anatra, richiudere con uno stuzzicadenti

Mettere l'anatra (con il suo ripieno se avete intenzione di usarlo) nella pentola a pressione solo con un po' d'acqua per 15 minuti circa.

Togliere l'anatra, eliminare l'acqua e metterla in una teglia con salvia, rosmarino, aglio, pepe e sale. Aggiungere due bicchieri di vino bianco e due di acqua.

Mettere sul fuoco e far cuocere lentamente, con il coperchio, per circa un'ora e mezza. Controllare ogni tanto e aggiungere vino bianco ed acqua se troppo asciutta. Aggiungere mezzo bicchiere di Cognac e mettere in forno per mezz'ora circa, sempre coperta, fin quando completamente cotta.

Non è necessario aggiungere olio perchè l'anatra è già abbastanza grassa. Tagliare e servire.

I fuochi del Redentore in luglio

Desserts

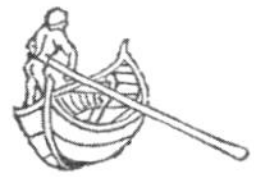

Dolci

Fruit Cake

As my husband is not happy when I switch the oven on, I discovered that this works just as well in the bread making machine!

This is not Pinza, the Venetian equivalent of the bread pudding.

Jane S.

1 kg mixed dry fruit (200 g Brazil nuts, 200 g raisins, 100 g other fruit)

2 eggs

80 g melted butter

100 g cane sugar

100 g whole meal flour

½ ts sodium bicarbonate

a pinch of cinnamon

a pinch of nutmeg

2 tbs cognac

(I use whatever I find in the cupboard: sherry, marsala etc.)

Break the nuts and the fruit into pieces.

Mix everything together.

Cook in the oven at 180°C for an hour.

Carnival Regatta

Fruit Cake

Siccome mio marito "rompe" quando accendo il forno, io lo cuocio nella macchina del pane!
...ma non è la Pinza! *Jane S.*

½ kg di frutta secca (200 g noce brasiliana, 200 g di uvetta, 100 g di altro)

2 uova

80 g di burro

100 g di zucchero di canna

100 g farina integrale

½ cucchiaino bicarbonato sodio

un pizzico di cannella

un pizzico di noce moscata

2 cucchiai di cognac (io uso quello che c'è da finire, cioè sherry, marsala…)

Sminuzzare un po' la frutta secca tipo noci, ecc.
Mischiare insieme tutti gli ingredienti.
Cuocere per un'ora.

Alla Settemari le ricette si scambiano anche così!

Chocolate Salami

Very easy to make… you can make it in advance so it is useful when you have unexpected guests… very tasty, once you start eating it, it's difficult to stop.

Lia C.

1 packet dark cocoa powder

3 egg yolks

125 g butter

125 g sugar

150 g dry biscuits

2 small glasses of Cognac

Blend the yolks with the sugar in an electric mixer.

Add the butter at room temperature, cocoa powder and liquor.

Finally add the hand crumbled biscuits.

Stir with a wooden spoon and wrap the whole mixture in greaseproof paper giving it the shape of a salami.

Put in the freezer and always return to the freezer after slicing.

Salame di Cioccolato

Molto facile come esecuzione… molto comodo come riserva dolci per cene anche improvvise… molto buono da mangiare, si sconsiglia di iniziare perchè non si smette più.

Lia C..

1 pacchetto di cacao amaro

3 tuorli d'uovo

125 g di burro

125 g di zucchero

150 g di biscotti secchi

2 bicchierini di Cognac

Lavorare con frullatore ad immersione lo zucchero con i tuorli.

Aggiungere il burro a temperatura ambiente, il cacao in polvere ed il liquore.

Da ultimo aggiungere i biscotti, spezzettati a piccoli pezzi con le mani.

Amalgamare con un cucchiaio di legno.

Avvolgere nella carta oleata dandogli la forma di un salame e mettere in freezer.

Chocolate Fingers

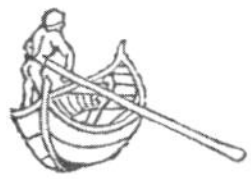

Energizing biscuits, perfect for Winter outings in a boat. A successful recipe that I learnt from Betty, my landlady in Beccles in Norfolk, during my first school year in England in 1974! and I have made them ever since, over and over again, for everybody's enjoyement.

Anna B .

500 g digestive biscuits

250 g butter

2 tbs Tate & Lyle's Golden Syrup

4 tbs sugar

2 tbs cocoa powder

300 g chocolate to melt (naturally if you use good chocolate the final result will be even better)

Melt the butter, sugar, cocoa and Golden Syrup in a saucepan on the stove or in the microwave.

Crumble the biscuits with a rolling pin and mix together with the mixture above.

Butter a baking tray 24 cm by 34 cm and pour the mixture in while pressing down with the rolling pin.

Melt the chocolate in a bain marie or in the microwave and spread on top with the blade of a knife, making sure it covers the whole surface.

With a sharp knife score the surface with vertical and horizontal lines.

Refrigerate overnight.

The following morning cut the chocolate fingers along the lines,keep in the fridge.

Delicious!

Bastoncini di Cioccolato

Biscotti energetici, ottimi per le gite invernali in barca. Ricetta di grande successo passatemi dalla mia prima "landlady" di nome Betty, a Beccles in Inghilterra, nel lontano 1974 e da allora costantemente riproposti per la gioia di tutti.

Anna B.

500 g biscotti "Digestive"

250 g burro

2 cucchiai di Tate & Lyle's Golden Syrup (questo è un ingrediente difficile da trovare, ma proverò a farli col miele e vedere il risultato)

4 cucchiai di zucchero

2 cucchiai di cacao

300 g di cioccolato da far sciogliere, naturalmente più buono è il cioccolato, migliore sarà il risultato finale

Far sciogliere burro, zucchero, cacao e Golden Syrup in una pentola sul fuoco o in una zuppiera nel microonde.

Aggiungere i biscotti finemente sbriciolati col mattarello e mescolare accuratamente.

Imburrare un vassoio 24 per 34 cm e versare il composto, premendo col mattarello.

Far sciogliere il cioccolato a bagno maria o nel micro onde e spalmarlo sopra assicurandosi che ricopra perfettamente tutta la superficie.

Con un coltello fare una graticola di linee verticali e orizzontali.

Metter in frigo una notte.

L'indomani tagliare lungo le linee i bastoncini di cioccolato.

Squisiti!

The Queen of Sheba

The name cannot help but evoke tempting sensuous desires.
A dessert for a romantic evening.

Marco B.

125 g butter
125 g sugar
125 g dark chocolate
125 g finely grated amonds
4 eggs
a pinch of salt
1 small cup of coffee, optional

For the icing:
60 g dark chocolate

Melt the butter and the chocolate in a bain marie.

When still hot add the yolks, stirring briskly to avoid curdling.

Then add the sugar, the almonds and the optional cup of coffee and keep stirring.

Whisk the whites until stiff adding a pinch of salt and fold them in.

Serve in small bowls.

Regina di Saba

Il nome non può che suscitare sensazioni voluttuose, tentatrici. Per una serata più che romantica!
Marco B.

125 g di burro

125 g zucchero

125 g di cioccolato fondente

125 g di mandorle tritate molto finemente

4 uova

un pizzico di sale

Per la copertura:

60 g di cioccolato fondente

Sciogliere a bagno maria il burro e il cioccolato.

Aggiungere i tuorli nell'impasto ancora caldo, ma mescolare velocente per amalgamare senza far rapprendere le uova.

Poi lo zucchero e le mandorle (si può anche versare una tazzina di caffè, a piacere).

Montare gli albumi a neve con un pizzico di sale e aggiungerli all'impasto.

Sweet Balls

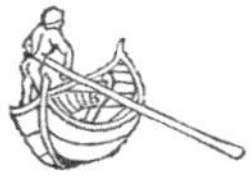

A very easy recipe for the boat, not specifically from Pavia, but delicious nevertheless!

Club Vogatori Pavia

The quantity of the ingredients vary according to the number of balls you are planning to make

ricotta cheese

sugar

grated coconut

cocoa powder

Make some balls mixing together the ricotta, sugar and coconut.

Roll the balls in the grated coconut or in the cocoa powder.

Place them in a dish, alternating the white and dark balls for a great effect.

"A man in a boat"

Palline Dolci

Ricetta per la barca, neanche tanto pavese, ma molto buona!

Club Vogatori Pavesi

Ingredienti:

come e quanto si vuole!

ricotta

zucchero

cocco grattugiato

cacao in polvere

Ricetta semplicissima!

Dolcetti di palline di ricotta unita a zucchero e cocco grattugiato e fatte rotolare sempre nel cocco per avere palline bianche, o nel cacao per ottenere palline scure.

Alternate fanno inoltre un bellissimo effetto!

La ballottina in una chiusa durante il raid Pavia-Venezia

Empress Sissi's Dessert

If you make it at Christmas you can use the Panettone, otherwise similar types of cakes.

Germano D.

For 10/12 people

½ Panettone

2 packets of crème caramel mixture

1 litre milk

50 g butter

50 g candied peel

50 g chopped amonds

Marsala

1 cup of strong coffee

Break the Panettone into pieces in a large bowl.

Soak the raisins in Marsala, either dry or sweet according to your taste.

Make the coffee, do not add any sugar and pour one cup on the Panettone together with half a glass of Marsala.

Make the pre-packed crème caramel with one litre of milk, without adding any sugar. Before removing from the heat add the butter, stir everything together and pour on the Panettone.

Let it rest and become firm. When it has reached the right consistency spread the candied peels, the raisins squeezed from the Marsala and the chopped amonds on top.

Spread on top the caramelled sugar that you find in the packet or make it yourself and refrigerate.

Serve cold.

Dolce della Sissi

Se si prepara a Natale, si utilizza il panettone altrimenti si utilizza il dolce della comare o, in assenza, una focaccia dolce.

Germano D.

Per 10/12 persone

½ Panettone

2 confezioni di crème caramel

1 litro di latte

50 g di burro

50 g di cedrini

50 g di uvette

50 g di mandorle tagliuzzate

½ bicchiere di caffè

Marsala

Spezzettare mezzo panettone all'interno di una capiente terrina.

Mettere mezzo etto di uvette a bagno con della Marsala (dolce o secca a piacere).

Preparare il caffè senza zucchero e versarlo sul panettone.

Versare anche il mezzo bicchiere di Marsala.

Preparare il crème caramel con il litro di latte senza aggiungere zucchero essendo già dolce.

A fine cottura aggiungere il mezzo etto di burro, girare bene e versare il contenuto sul panettone che verrà così imbevuto.

Lasciare che si raffreddi e consolidi.

Quando ha raggiunto una buona consistenza, cospargere sopra i cedrini, l'uvetta tolta dalla marsala e le mandorle che abbiamo franto.

Prendere le bustine di zucchero caramellato che si trovano nelle confezioni e cospargere supra il tutto.

Mettere in frigo e servire freddo.

Apfelstrudel

To remind us of the Settemari beer festival.

Evi L.

For the pastry:

250 g white flour

1 egg

1 pinch of salt

2 tbs vegetable oil

about one glass of water

(alternatively you can buy a pack of already rolled out fresh puff pastry)

For the filling:

1.5 kg Golden Delicious apples

butter

80-100 g butter

ground cinnamon

lemon rind

50 g sultanas

50 g pine kernels

With one hand mix the flour with the egg, salt, oil, with the other hand keep adding water until the mixture reaches the right consistency.

Briskly work the mixture to obtain a soft dough, make into a ball, brush over with a bit of oil and let it rest for about ½ hour.

Meanwhile peel and core the apples, cut into thin slices, add cinnamon, grated rind of lemon, dry and washed sultanas, mix it all together and keep aside.

Spread a tea towel on the table, put some flour on it, roll out the pastry thinly in an oblong shape, with the rolling pin, being careful not to break it.

Distribute small knobs of butter on top, then spread the prepared apples, leaving an edge of about 1-2 cm, finally add the pine kernels.

With the help of the tea towel lift and roll the dough with the filling to form the typical strudel shape.

Press lightly on the edge to seal and transfer onto a greaseproof papered oven tray.

Distribute more butter knobs on top of the strudel and cook in the oven 180°-200°C for about 30-40 minutes.

Let it cool down and serve with icing sugar on the top.

Apfelstrudel

Per rievocare la festa della birra della Settemari!

Evi L.

Ingredienti per impasto:

250 g farina bianca

1 uovo

1 pizzico di sale

2 cucchiai di olio di semi

ca 1/16 lt acqua

(in alternativa si può acquistare la pasta sfoglia fresca rotonda Buitoni)

Ingredienti per ripieno:

1,5 kg di mele Golden Delicious

burro

80 – 100 g di zucchero

cannella in polvere

buccia di limone

50 g uvetta

50 g pinoli

Mescolare la farina con l'uovo, il sale e l'olio con una mano, con l'altra mano aggiungere l'acqua finché l'impasto ha la giusta consistenza. Impastare con energia per ottenere un impasto liscio e morbido, formare una palla, spennellarla con un po' d'olio e fare riposare l'impasto per ca ½ ora.

Intanto sbucciare le mele, togliere il torsolo e tagliare le mele in fettine sottili, aggiungere cannella, buccia di limone grattugiata, l'uvetta lavata ed asciugata, mescolare e mettere in parte.

Preparare un canovaccio sul tavolo, infarinarlo per poterci tirare la pasta con il matterello, finché la pasta sfoglia è sottile (ma non si deve rompere!) cercando di ottenere una forma ovale. Distribuire sopra la sfoglia dei pezzettini piccoli di burro, poi stendere le mele preparate lasciando un bordo di ca 1 – 2 cm, aggiungere i pinoli. Con l'aiuto del canovaccio si alza lateralmente e si arrotola, in modo delicato, prima da una parte e poi dall'altra, l'impasto con il ripieno per ottenere la classica forma dello strudel, si preme leggermente per chiuderlo e poi si appoggia lo strudel sulla teglia del forno rivestita di carta oleata. Distribuire qualche fiocco di burro sopra lo strudel. Cuocere in forno a 180°-200°C per 30-40 min ca. Fare raffreddare lo strudel e servirlo cosparso di zucchero a velo.

Chocolate Pudding

An old 1924 recipe handed down from my Grandmother .

Paolo P.

½ litre cold milk

2 tbs vanilla flavoured sugar

1 bar of dark chocolate

1 fine leaf gelatine

Melt everything together and cook over a low heat like a custard.

Dissolve the gelatine leaf in a little hot water and add to the mixture.

Rinse the mould in cold water and pour the mixture into it.

Let it rest overnight.

Budino al Cioccolato

1924: ricetta della nonna!

Paolo P.

mezzo litro di latte freddo

2 cucchiai di zucchero vanigliato

un bastone di cioccolato

colla di pesce

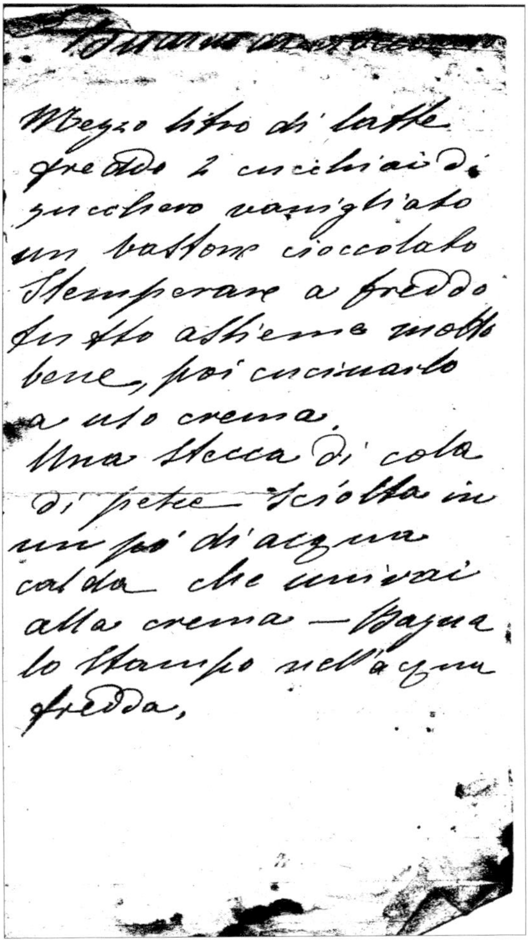

Mezzo litro di latte
freddo 2 cucchiai di
zucchero vanigliato
un bastone cioccolato
Stemperare a freddo
tutto assieme molto
bene, poi cucinarlo
a uso crema.
Una stecca di cola
di pesce sciolta in
un po' di acqua
calda che unirai
alla crema — Bagna
lo stampo nell'acqua
fredda.

"Sentada" Chocolate Cake

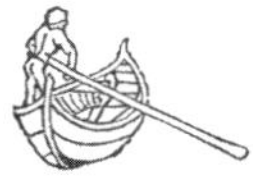

This is one of those recipes that takes a second and needs hardly any kitchen equipment and you'll cut a fine figure with your guests when they taste this delight.

Massimo F.

200 g butter

200 g bitter chocolate

100 g sugar

a sachet of vanilla sugar

4 eggs

A serving dish that can be turned over

Break the chocolate into small pieces and melt together with the butter in a saucepan over a low flame. Stir with a wooden spoon so it doesn't stick to the bottom of the pan. When it has all melted, remove from the flame and leave to cool.

Separate the egg whites from the yolks; beat the yolks in a bowl with the sugar and vanilla sugar, which gives it a special flavour that goes perfectly with the chocolate. When the chocolate mixture has cooled down, add to the beaten yolks.

Beat the egg whites in another bowl until stiff – if you turn the bowl upside down and it comes out in one piece, you've done a good job.

Add the egg whites to the chocolate mixture but make sure you do so gently, from the bottom upwards otherwise you'll spoil the egg whites and the cake won't be as light as it should. Take your cake tin, grease well with butter and dust with flour on the base and sides.

Pour everything into the tin. Bake in the oven for 25 minutes at 160°C. Don't worry if the cake 'sits down' once you've taken it out of the oven – that's the way it's meant to be – the cake will be really flat, and that's how it got its name – sitting down, 'sentada'.

Serve each slice of cake with a dollop of whipped cream to make it more pleasing to the eye.

Torta "Sentada" al Cioccolato

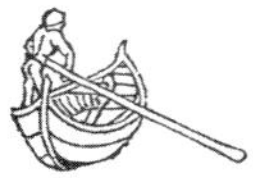

Questa xe una de quee ricette che co' poco lavoro e par de più senza tanti attrezzi da cusina, te farà far un figuron co' 'i ospiti che 'saggerà 'sta popò de delissia. Ogni porzion de sta popò de torta sarìa el caso de guarnirla co' un ciuffetto de panna montata, che anca l'ocio vol la so' parte.

Massimo F.

200 g de buro

200 g de ciocolato fondente

100 g de sucaro

'na bustina de vaniglia

4 vovi intieri

1 tortiera de quee che se verse

Tor un bel tegame e farghe sciogliér dentro tutto el burro co' tutto el ciocolato che el sarà prima tajà a piccoli tocheti; missiàr co' un mestolo de legno par no far tacàr el composto sul fondo del tegame; co' tutto se ga sciolto par ben lassàr a raffreddar fòra dal fogo.

Tor i vovi e divider i bianchi dai rossi; in una terrina montàr solamente i rossi co' tutto el sucaro e la bustina de vaniglia par darghe quel bon sapor che ben el ghe sta col ciocolato.

Quando che el cioccolato se sarà raffreddà, unìr i rossi appena montai.

In un'altra terrina capiente, co' la frusta montàr i bianchi a neve fintantoché, revoltandola, no' i se destaca dal recipiente.

Unir anca i bianchi al composto de ciocolato fasendo attension a missiàr delicatamente dal basso verso l'alto par no' smontar i bianchi e ottenér un composto abbastanza spumoso.

Tor la tortiera, imburrarla ben ben e infarinarla sia sul fondo che sui lati; versàrghe dentro tutto el composto. Infornàr a 160°C par 25 minuti.

No steve preoccupàr se vedé che la torta, dopo esserse s-gionfada, la "se senta"... "*sentada*" appunto.

Some Extras

Varie

Thè Chai

"I would have never reached the top of the Everest without the Chai" (Sir Edmund Hillary)

Manuel H.

1 fresh ginger root

1 peppercorn, optional

3- 4 ts sugar

milk

3-4 tbs Assam tea

Fill a saucepan a third full of water, with the ginger and the crushed peppercorn, bring to boil and let it simmer for 3 minutes.

Add 3-4 teaspoons sugar and fill the remaining two thirds of the saucepan with milk.

Bring back to boil then add 3-4 tablespoons of Assam tea, strain and drink immediately, do not let it brew.

Sugar must always be added to the ginger.

Thè Chai

"Non avrei mai raggiunto la cima dell'Everest senza il Chai" (S.I. Hillary)

Manuel H.

noce di zenzero fresco

1 grano di pepe

3 o 4 cucchiaini di zucchero

latte

thè Assam

Versare per 1/3 acqua in un pentolino.

Lasciare bollire per 3 minuti una noce di zenzero fresco con eventualmente 1 grano di pepe pestato.

Aggiungere abbondante zucchero (3 o 4 cucchiaini).

Aggiungere latte nei 2/3 del pentolino

Quando bolle aggiungere il thè Assam (3 o 4 cucchiai), filtrarlo velocemente e bere. Non lasciarlo in infusione!

Lo zenzero va sempre accompagnato dallo zucchero!

Curacao Liqueur

Recipe from our Great-Grandmother! (1924)

Francesca P.

700 ml of pure alcohol
7 oranges
1 kg sugar
water

Soak the rind of the seven oranges in half a litre of alcohol for a month in a tightly sealed jar.

Melt the sugar in a saucepan with three glasses of water.

Let it cool down and then add the alcohol in which the oranges have been fermenting and add a further 200 ml of the pure alcohol.

Leave to fermant for weeks before drinking.

Rosolio di Curacao

La ricetta della bisnonna! (1924)

Francesca P.

700 ml di spirito

7 arance

1 kg di zucchero

acqua

Si mettono in infusione con ½ litro di spirito per un mese 7 cortecce di arance.

Si mettono sul fuoco 3 bicchieri d'acqua con 1 kg. di zucchero da sciogliere.

Quando il tutto è raffreddato, si versa lo spirito in infusione con le arance, aggiungendo il rimanente spirito semplice (200ml).

Lo si lascia a riposare a lungo, prima di consumarlo.

Hard Quince Squares

Grandmother's recipe, adapted by my mother Ota… which I love

Anna P.

For every kilo of quince you need 300 g of sugar

icing sugar

Wash the quince, do not peel, cut into pieces and remove the core. Put the quince into a large saucepan, add the sugar and cook on a low heat.

Use a handheld mixer and then continue to cook until you have a thick consistency.

Put greaseproof paper on paper trays and then pour the quince onto the paper until it is 2cm in depth. Leave it to dry (Ota puts it onto a radiator).

When hard, cut into squares, sprinkle with icing sugar and keep in a biscuit tin.

Cotognata

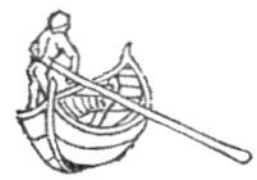

Una ricetta della nonna, riproposta da mamma Ota,…mi piace tanto!

Anna P.

Per ogni kg di mele cotogne, 300 g di zucchero

zucchero a velo

Lavare le mele cotogne, tagliarle a pezzi con la buccia togliendo il torsolo.

Metterle in una pentola capiente, aggiungere lo zucchero e cucinare a fuoco lento.

Frullare con il minipimer e continuare la cottura finchè raggiunge una densa consistenza.

Mettere un foglio di carta da forno su di un vassoio di cartone e versare la cotognata con uno spessore di 2 cm, quindi lasciarla seccare (Ota la mette sul termosifone).

Quando è dura, tagliarla a tocchi, passarla nello zucchero a velo e conservarla in una scatola di latta.

Ricotta Bread

An easy recipe, nutricious and appetizing, if you bring it on the boat it will be greatly appreciated by everyone.

Roberta P.

1 kg flour

250 g ricotta cheese

50 g butter

1 ts sugar

360 ml water

1 ts salt 20 g

linseeds

Pour the flour on your worksurface making a well in the middle, add the ricotta and knead together.

Then add all the other ingredients with the yeast which has been dissolved in a little water.

The secret of success is in the kneading, so knead the dought very well until you see bubbles appearing.

Let it rest for 1½ or 2 hours, depending on the temperature of the room.

When the dough has doubled in size, knead again and divide into 3 parts, make three long rolls and plait together.

Let it rest again for 15 minutes and bake for 45 minutes at 180°-200°C.

Pane alla Ricotta

Una ricetta facile, nutriente e gustosa, se la porti con te in barca sarà apprezzata da tutti i tuoi compagni di voga!

Roberta P.

1 kg farina

250 g ricotta

50 g burro

1 cucchiaino zucchero

360 ml acqua

1 cucchiaino di zucchero

1 cucchiaino di sale (20 g)

semi di lino

Disporre la farina a fontana e versarvi la ricotta che viene amalgamata assieme, poi aggiungere gli altri ingredienti ed il lievito sciolto con un po' d'acqua.

Il segreto della riuscita sta nella manipolazione, perciò impastare molto bene, fino a quando la pasta fa delle bollicine d'aria.

Lasciare riposare per 1 ora e mezza o 2 dipende dal calore dell'ambiente.

Quando l'impasto è raddoppiato, impastate e dividetelo in tre parti uguali, facendo tre filoni con i quali si formerà una treccia.

Prima di mettere in forno, lasciare il pane a riposare per 15 minuti..

Infornare a 180°-200°C per 45 minuti.

The Settemari in England

Acqua alta a Henley sul Tamigi

In che direzione andranno?

Wines

And now that we've reached the end we'd like to recommend to the "visitors" some local drinks and wines from the North-East of Italy.

Naturally you can find all the well-known Italian wines together with the international wines such as Merlot, Chardonnay etc.

To start with...

Spritz: A sparkling apertif based on either Campari, Aperol or Select.

Reds

Raboso
Teroldego
Cabernet Franc
Malbech
Refosco dal Peduncolo Rosso
Marzemino
Schiava

Whites

Prosecco e Cartizze
Pinot Grigio
Malvasia
Muller Thurgau
Tai (Tocai Friulano)
Ribolla Gialla

Sweet wines

Recioto
Ramandolo
Picolit

... and to finish

Grappa

Vini

E giunti alla fine, ci permettiamo di suggerire ai "foresti" alcuni vini del nord-est.

Per prima cosa... Spritz con Bitter, Aperol o Select

Rossi

Raboso
Teroldego
Cabernet Franc
Malbech
Refosco dal Peduncolo Rosso
Marzemino
Schiava

Bianchi

Prosecco e Cartizze
Pinot Grigio
Malvasia
Muller Thurgau
Tai (Tocai Friulano)
Ribolla Gialla

Dolci

Recioto
Ramandolo
Picolit

... e per finire Grappa

La San Marco Press ha anche pubblicato il volume "Isole abbandonate della laguna veneziana"
San Marco Press has also published "The abandoned islands of the Venetian lagoon"

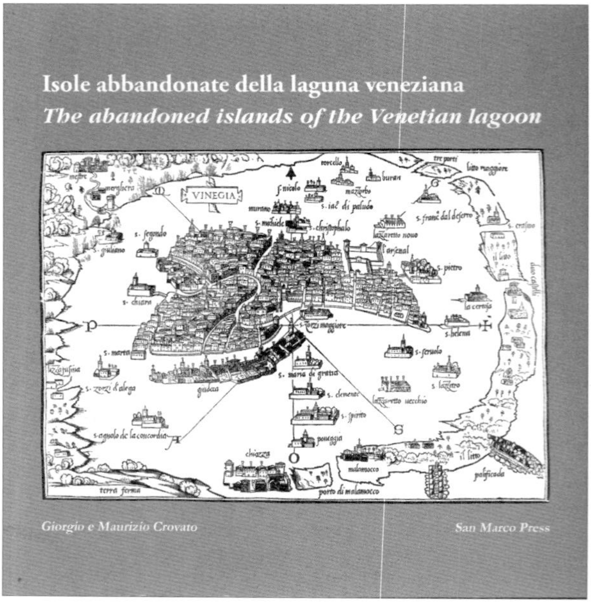